国家出版基金项目

NATIONAL PUBLICATION FOUNDATION

党的领导

百年奋斗的根本保证

党的百年奋斗历史经验丛书

2022年主题出版重点出版物

总主编 辛向阳

皮坤乾 著

山东城市出版传媒集团·济南出版社

图书在版编目(CIP)数据

党的领导:百年奋斗的根本保证/皮坤乾著.——
济南:济南出版社,2022.12
(党的百年奋斗历史经验丛书/辛向阳总主编)
ISBN 978 - 7 - 5488 - 5011 - 3

Ⅰ.①党… Ⅱ.①皮… Ⅲ.①中国共产党—党的建设
—研究 Ⅳ.①D26

中国版本图书馆 CIP 数据核字(2022)第 228101 号

党的领导:百年奋斗的根本保证

DANG DE LINGDAO:BAINIAN FENDOU DE GENBEN BAOZHENG

出 版 人	田俊林	
责任编辑	任肖琳	
封面设计	胡大伟	
出版发行	济南出版社	
地　　址	山东省济南市二环南路 1 号(250002)	
印　　刷	山东省东营市新华印刷厂	
版　　次	2022 年 12 月第 1 版	
印　　次	2023 年 5 月第 1 次印刷	
成品尺寸	170 mm×240 mm　16 开	
印　　张	11.25	
字　　数	130 千	
定　　价	59.00 元	

(济南版图书,如有印装错误,请与出版社联系调换。联系电话:0531 - 86131736)

总　序

辛向阳

从 1921 年成立到现在,中国共产党一路走来,筚路蓝缕,披荆斩棘,栉风沐雨,不断从胜利走向胜利,从一个辉煌走向另一个辉煌,已经走过了一百多年的历程。正如习近平总书记在庆祝中国共产党成立 100 周年大会上的讲话中所指出:"一百年来,中国共产党团结带领中国人民,以'为有牺牲多壮志,敢教日月换新天'的大无畏气概,书写了中华民族几千年历史上最恢宏的史诗。"一百多年前,党成立时只有 50 多名党员。今天,党已经成为拥有近一亿名党员、领导着 14 亿多人口大国、具有重大全球影响力的世界第一大执政党。一百多年前,中华民族呈现在世界面前的是一派衰败凋零的景象。今天,中华民族向世界展现的是一派欣欣向荣、朝气蓬勃的气象,正以不可阻挡的步伐迈向伟大复兴。这一百多年,有英勇顽强的奋斗,有艰难曲折的探索,有波澜壮阔的历程,也有动人心魄的故事,党历经淬炼,成就斐然。党自成立以来,始终把"为中国人民谋幸福、为中华民族谋复兴"作为自己的初心使命,以"为人类谋进步、为世界谋大同"彰显自己的天下情怀,始终坚持共产主义理想和社会主义信念,团结带领全国各族人民为争取民族独立、人民解放和实现国家富强、人民幸福以及强国建设、民族复兴而不懈奋斗，领导党和国家事业取得了历史性成就、实现了历史性变革、积累了历史性经验。

总结党的奋斗历程中的历史经验，既是党的优良传统，也是党的独特优势。过去一百多年，中国共产党向人民、向历史交出了一份优异的答卷。现在，中国共产党团结带领中国人民又踏上了实现第二个百年奋斗目标新的赶考之路，这就更加需要我们深刻总结党长期奋斗的历史经验。我们党历来高度重视总结历史经验。早在延安时期，毛泽东同志强调："如果不把党的历史搞清楚，不把党在历史上所走的路搞清楚，便不能把事情办得更好。"进入改革开放和社会主义现代化建设新时期，邓小平同志指出："历史上成功的经验是宝贵财富，错误的经验、失败的经验也是宝贵财富。这样来制定方针政策，就能统一全党思想，达到新的团结。这样的基础是最可靠的。"中国特色社会主义进入新时代，习近平总书记强调指出："历史是最好的教科书"，"历史是一面镜子"，"对我们共产党人来说，中国革命历史是最好的营养剂。多重温我们党领导人民进行革命的伟大历史，心中就会增加很多正能量"。习近平总书记还强调："中国历史是中国人民、中华民族坚持不懈的创业史和发展史。其中既有升平之世社会发展进步的丰富经验，也有衰乱之世的深刻教训以及由乱到治的经验智慧；既有当事者对时势的分析陈述，也有后人对前人得失的评论总结。可以说，在中国的史籍书林之中，蕴涵着十分丰富的治国理政的历史经验"，"我们学习历史，要结合我们正在干的事业和正在做的事情，善于借鉴历史上治理国家和社会的各种有益经验"。

在党的一百多年历史上，1945 年 4 月党的六届七中全会通过《关于若干历史问题的决议》，1981 年 6 月党的十一届六中全会通过《关于建国以来党的若干历史问题的决议》，2021 年 11 月党的十九届六中全会通过《中共中央关于党的百年奋斗重大成就和历史经验的决议》。这三个历史决议虽然诞生的历史背景、形成的现实条件和阐述的具体内容有所不同，但都以实事求是的原则总结了党的重大历史事件和重要经验教训，在重大历史关头统一了全党思想和行动，对推进党和人民事业发挥了重要引领作用。这三个历史决议贯通历史、现实和未来，深刻阐述了党团结带领人民争取民族独立、人民解放和实现国家富强、人民幸福以及开展强国建设、民族复兴的光辉历程，系统总结了党领导人民进行革命、建设、改革的历史经验，科学揭示了一百多年来中国共产党人对共产党执政规律、社会主义建设规律和人类社会发展规律的深刻认识。深入研究第三个历史决议，有助于我们牢牢掌握党和人民事业发展的历史主动，以党的重大成就和历史经验鼓舞斗志、凝聚力量、踔厉奋发、勇毅前行，以咬定青山不放松的执着、以一往无前的奋斗姿态接续夺取全面建设社会主义现代化强国的新胜利。

在党领导中国人民胜利实现第一个百年奋斗目标全面建成小康社会，踏上实现第二个百年奋斗目标新征程的重大历史关头，全面总结党的百年奋斗重大成就和历史经验，对推动全党进一步统一思想、统一意志、统一行动，团结带领全国各族人民夺取新时代中国特色社会主义新的伟大胜利，具有重大现实意义和深远历史意义。党的十九届六中全会通过的《中共中央关于党的百年奋斗重大成就和历史经验的决议》，是在建党百年历史条件下开启全面建设社会主义现代化国家新征程、在新时代坚持和发展中国特色社会主义的现实需要；是增强政治意识、大局意识、核心意识、看齐意识，坚定道路自信、理论自信、制度自信、文化自信，做到坚决维护习近平同志党中央的核心、全党的核心地位，坚决维护党中央权威和集中统一领导,确保全党步调一致向前进的政治需要;是推进党的自我革命、提高全党斗争本领和应对风险挑战能力、永葆党的生机活力、团结带领全国各族人民以中国式现代化全面推进中华民族伟大复兴而奋斗的时代需要。

回首党的一百多年的历程,正是在党的坚强领导下,中华民族才迎来了从站起来、富起来到强起来的伟大历史飞跃。党的十九届六中全会通过的《中共中央关于党的百年奋斗重大成就和历史经验的决议》,概括出来的具有根本性和长远性意义的十大历史经验,即坚持党的领导、坚持人民至上、坚持理论创新、坚持独立自主、坚持中国道路、坚持胸怀天下、坚持开拓创新、坚持敢于斗争、坚持统一战线、坚持自我革命,则充分反映了习近平总书记在党的二十大报告中所指出的:"实践告诉我们,中国共产党为什么能,中国特色社会主义为什么好,归根到底是马克思主义行,是中国化时代化的马克思主义行。"中国共产党历经一百多年,恰似风华正茂,仍然具有旺盛的生命力。世界充满好奇,时代充满追问。答案只有一个——坚定不移地坚持中国共产党的坚强领导。"党的百年奋斗历史经验丛书"正是立足于此,从基本史实、基本事实出发,全面阐释党的百年奋斗的十大历史经验,从政治、理论和思想等方面全面做出了回答。

加强对党的百年历史经验的研究,就是要深入研究党领导人民进行革命、建设、改革的一百多年的历史进程,全面总结党从胜利走向胜利的光辉历程,为国家、民族和人民建立的不朽功勋;深入研究党坚持把马克思主义基本原理同中国具体实际相结合、同中华优秀传统文化相结合,不断推进马克思主义中国化的一百多年的历史进程,全面深化对新时代党的创新理论的理解和运用;深入研究党不断增强党的团结、维护党中央权威和集中统一领导的一百多年的历史进程,深刻领悟加强党的政治建设这个马克思主义政党的鲜明特征和政治优势;深入研究党为"中国人民谋幸福、为中华民族谋复兴、为人类谋进步、为世界谋大同"的一百多年的历史进程,深刻认识党同人民生死相依、休戚与共的血肉联系,依靠人民创造历史伟业、创造历史伟业为了人民的阶级立场和推动世界社会主义运动发展、胸怀天下造福全人类的世界情怀;深入研究党加强自身建设、推进自我革命的一百多年历程,增强全面从严治党永远在路上的坚定和执着,确保党在新时代坚持和发展中国特色社会主义的历史进程中始终成为坚强领导核心;深入研究历史发展规律和大势,始终掌握新时代新征程党和国家事业发展的历史主动,增强锚定既定奋斗目标、意气风发走向未来的勇气和力量。

深入研究党的百年奋斗历程中形成的十大历史经验,要坚持科学的研究方法和原则要求。我们要坚持辩证唯物主义和历史唯物主义的方法论,用具体历史的、客观全面的、联系发展的观点来看待党的历史。要坚持正确党史观、树立大历史观,准确把握党的历史发展的主题主线、主流本质,正确对待党在前进道路上经历的失误和曲折,从成功中吸取经验,从失误中吸取教训,不断开辟走向胜利的新道路。要旗帜鲜明反对历史虚无主义,加强思想引导和理论辨析,澄清对党史上一些重大历史问题的模糊认识和片面理解,更好正本清源。尤其是,要坚持正确党史观和大历史观,立足于中华民族一百万年的人类史、一万年的文化史、五千多年的文明史,立足于五百余年的社会主义发展史、一百多年的中国共产党史、七十余年的中华人民共和国史、四十多年的改革开放史,从中华民族伟大复兴战略全局和世界百年未有之大变局出发,全面而准确地认清和把握新时代中国特色社会主义取得的历史性成就、发生的历史性变革。通过生动、深入、具体的纵横比较，把事实讲清楚，把道理讲明白，把理论讲透彻。

党的十九届六中全会通过的《中共中央关于党的百年奋斗重大成就和历史经验的决议》所总结的十条历史经验，是我们党百年奋斗中用鲜血和汗水凝练出来的理论结晶，既不是从哪本经典教科书上抄来的，也不是从哪个国家照搬来的，更不是在头脑中主观臆想出来的，而是系统完整、相互贯通的有机整体，揭示了党和人民事业不断成功的根本保证，揭示了党始终立于不败之地的力量源泉，揭示了党始终掌握历史主动的根本原因，揭示了党永葆先进性和纯洁性、始终走在时代前列的根本途径。这一历史决议深刻揭示了过去我们为什么能够成功、未来我们怎样才能继续成功，深刻阐述了中国共产党为什么能、中国特色社会主义为什么好、马克思主义以及中国化时代化的马克思主义为什么行，并进一步深刻回答了新时代坚持和发展什么样的中国特色社会主义、怎样坚持和发展中国特色社会主义，建设什么样的社会主义现代化强国、怎样建设社会主义现代化强国，建设什么样的长期执政的马克思主义政党、怎样建设长期执政的马克思主义政党等重大时代课题，是一篇闪耀着马克思主义真理光辉的纲领性文献，是新时代中国共产党人牢记初心使命、坚持和发展中国特色社会主义的政治宣言，是党领导广大人民以史为鉴、开创未来，全面建设社会主义现代化国家、全面推进中华民族伟大复兴的行动指南。

通过该丛书，我们可以清晰地看清楚过去我们党为什么能够成功、今天我们党如何成功，同时弄明白未来我们党怎样才能够继续成功，从而更加坚定、更加自觉地牢记初心、不忘使命，以更加宏大的气魄诠释胸怀天下。同时，在新时代更好坚持和发展中国特色社会主义，要不断坚持唯物史观和大历史观,以更加昂扬的姿态奋进新时代,逐梦新征程,踔厉奋发、勇毅前行、团结奋斗,全面建设社会主义现代化强国、全面推进中华民族伟大复兴。

全面建设社会主义现代化强国、全面推进中华民族伟大复兴,已进入了不可逆转的历史进程,我们比历史上任何时期都更接近、更有信心和能力实现这个目标。作为哲学社会科学工作者,我们要按照立足中国、借鉴国外,挖掘历史、把握当代,关怀人类、面向未来的思路,强化基础研究前瞻性、战略性、系统性布局,不断推进知识创新、理论创新、方法创新,以原创性、标识性的概念、话语、范畴、范式等深刻阐述党的百年奋斗历史经验生成的内在逻辑、内在机理。加快构建中国特色哲学社会科学学科体系、学术体系、话语体系,坚持用马克思主义及其中国化时代化的最新成果——习近平新时代中国特色社会主义思想观察时代、解读时代、引领时代,用鲜活丰富的当代中国实践来推动马克思主义发展,用宽广视野吸收人类创造的一切优秀文明成果,坚持在改革中守正出新、不断完善自己,在开放中博采众长、不断超越自己,不断深化对共产党执政规律、社会主义建设规律、人类社会发展规律的新认识,不断开辟马克思主义中国化时代化新境界!

目　录

第一章

百年奋斗首要经验

中国为什么行？中国特色社会主义为什么好？"四个自信"来自哪里？世界充满好奇，时代不断追问。

寻找历史性成就蕴含的中国基因，破解历史性变革背后的中国密码，答案只有一个——中国共产党的领导。回首百年历程，正是在党的领导下，中华民族才迎来了从站起来、富起来到强起来的伟大飞跃，综合国力和国际影响力实现历史性跨越，人民生活发生翻天覆地的巨大变化，创造了举世罕见的经济社会发展奇迹。

党的十九届六中全会通过的《中共中央关于党的百年奋斗重大成就和历史经验的决议》（以下简称《决议》），将"坚持党的领导"作为我们党百年奋斗首要历史经验，这是带有根本性、决定性的规律总结，充分表明了坚持党的领导的极端重要性。

第一节　马克思主义政党学说的核心思想

政党作为近代资本主义经济、政治关系的产物，是某一个阶级、阶层或集团为实现其根本利益，以取得政权和巩固政权为主要目标而建立起来的政治组织。任何政党都有其阶级基础，代表着一定阶级的意志和利益，是这个阶级的组织者和领导者。因此，政党是一定阶级的政治发展达到一定成熟程度的标志，也是一定阶级从自在阶级转变到自为阶级的标志。一个自在的阶级，是不可能组织政党的。只有当一个阶级在政治上逐渐发展成熟，开始清楚地认识本阶级的利益时，才能组织自己的政党。同时，也只有组织自己的政党，才能使本阶级成为自为的阶级。

无产阶级政党作为无产阶级的政治代表，是以争取、维护无产阶级利益，以实现共产主义为最终目标的政治组织。它是在无产阶级反对资产阶级和其他剥削阶级斗争的一定阶段上出现的，是科学社会主义和工人运动相结合的产物。

始于18世纪60年代的产业革命，到19世纪三四十年代，已经在欧美一些主要资本主义国家相继完成。产业革命作为一场深刻的社会变革，在促进资本主义经济高度繁荣和迅猛发展的同时，造就了一个人数众多、日益贫困化且逐步觉悟、日渐成熟的工业无产阶级，整个资本主义社会日益分裂为两大明显对立的阶级——资产阶级和无产阶级。资产阶级利用机器对无产阶级进行残酷剥削，使无产阶级陷入贫困、失业和饥饿的境地。因此，在 19 世纪中期，无产阶级和资产阶级之间的对立和斗争，已在英国、法国和德国等欧洲最发达的资本主义国家上升为社会主要矛盾。欧洲资本主义社会日渐凸显的阶级矛盾和不断激化的阶级斗争，促使马克思、恩格斯在进行科学理论研究的同时，积极投身于当时的革命活动，科学地分析资本主义社会的基本矛盾及其运动规律，深入总结工人运动的经验，提出了无产阶级的历史使命及实现这种使命的途径和条件，阐明了无产阶级要彻底解放就必须建立起自己独立的革命政党，并对这种政党的阶级基础、理论、纲领和策略、组织原则、党的团结和党内斗争等做了阐述，奠定了马克思主义政党学说的理论基础。1847 年 11 月，马克思、恩格斯接受共产主义者同盟第二次代表大会的委托，起草同盟纲领，于 1848 年 2 月写成了第一个无产阶级政党的纲领——《共产党宣言》，这也标志着马克思主义政党学说的形成。之后，马克思、恩格斯在改组共产主义者同盟、参与创建和领导国际工人协会（即第一国际）、帮助欧美国家工人阶级建立自己的独立政党、指导第二国际的实践中，不断丰富和发展了马克思主义政党学说。

马克思主义政党学说作为马克思主义理论体系的重要组成部分，科学揭示了无产阶级政党产生、发展和自身建设的客观规律，是无产阶级政党建设的指南。在马克思主义政党学说中，党的领导权问题始终是一个重大问题，也是无产阶级革命的重大理论和实践问题。始终坚持和加强无产阶级政党的全面领导，作为马克思主义政党学说的一条重要基本原理，是马克思主义政党学说的核心思想。

一、无产阶级获得解放的首要条件

马克思、恩格斯认为，无产阶级是大工业产生的最革命最先进的阶级，同时也是被压迫的阶级，是"资产阶级国家的奴隶"，身处"社会的最下层"，负有充当资本主义社会的"掘墓人"、推翻资本主义旧社会以建设社会主义与共产主义新社会的历史使命。无产阶级要完成这一历史使命，并最终获得自身的解放，就必须实现从"自在阶级"向"自为阶级"的转变，这既是"资产阶级联合的结果"，也是无产阶级革命实践的必然结果。而要让无产阶级由分散的、自发斗争的"自在阶级"，联合为有意识、有组织、自觉斗争的"自为阶级"，就必须建立无产阶级政党。1871年底，马克思在修改《国际工人协会共同章程》时，就增补了如下内容："无产阶级在反对有产阶级联合力量的斗争中，只有把自身组织成为与有产阶级建立的一切旧政党不同的、相对立的政党，才能作为一个阶级来行动。为保证社会革命获得胜利和实现革命的最高目标——消灭阶级，无产阶级这样组织成为政党是必要的。"[1] 因为这"是无产阶级获得解放的首要条件之一"。他在致弗里德里希·波尔特的信中也谈到，工人阶级的政治运动"需要一种发展到一定程度的、在经济斗争中成长起来的工人阶级的预先的组织"[2]。1886年，恩格斯在致弗里德里希·阿道夫·左尔格的信中提到，"不管怎样组织起来，只要它是一个真正的工人政党

---

[1] 中共中央马克思恩格斯列宁斯大林著作编译局：《马克思恩格斯选集》第3卷，人民出版社2012年版，第173—174页。

[2] 中共中央马克思恩格斯列宁斯大林著作编译局：《马克思恩格斯选集》第4卷，人民出版社2012年版，第498页。

就行"①。1893 年，恩格斯在致保·拉法格的信中再次指出，"工人们开始越来越清楚地认识到自己的力量，并认识到只有一个途径来使用自己的力量，这就是建立独立的政党"②。

建立自己的政党是无产阶级获得解放的首要条件之一。马克思认为，无产阶级是"推翻使人成为被侮辱、被奴役、被遗弃和被蔑视的东西的一切关系"的革命力量，而无产阶级从自身整体利益出发，按照自己的原则和主张建设一个新社会，最为关键的是组成一个统一的独立政党来进行领导。无产阶级只有建立完全属于自己的、代表自身利益的独立政党组织，以统一整个无产阶级的行动，才能真正在与资产阶级的斗争中始终处于主动地位，最终实现其历史使命。19 世纪欧洲三大工人运动的失败，更是从反面提出了创立科学的革命理论、建立无产阶级政党的迫切要求。

随着近代科技革命所导致的工业革命的兴起和发展，代表无产阶级的政党开始出现。1836 年，英国宪章运动诞生了第一个工人政治团体——伦敦工人协会。1847 年 6 月，马克思、恩格斯在对正义者同盟进行根本改造的基础上，领导建立了第一个以科学社会主义为指导思想的国际无产阶级的政党——共产主义者同盟。同盟章程明确规定，"同盟的目的：推翻资产阶级政权，建立无产阶级统治，消灭旧的以阶级对立为基础的资产阶级社会和建立没有阶级、没有私有制的新社

---

① 中共中央马克思恩格斯列宁斯大林著作编译局：《马克思恩格斯选集》第 4 卷，人民出版社 2012 年版，第 584 页。

② 中共中央马克思恩格斯列宁斯大林著作编译局：《马克思恩格斯全集》第 39 卷，人民出版社 1974 年版，第 43 页。

会"①。因此，同盟"虽然很小但却是真正无产阶级的政党"。

无产阶级政党的建立，标志着无产阶级开始由"自在阶级"向"自为阶级"转变，标志着无产阶级在政治上走向成熟。

二、 无产阶级政党必须掌握革命的领导权

马克思、恩格斯在论证社会主义代替资本主义的一般进程时强调，必须发挥无产阶级及其政党的历史作用，把无产阶级政党的领导作为推翻旧社会、建设新社会的关键。

无产阶级政党作为无产阶级的先锋队，其先进性和革命彻底性决定了其对革命的领导权。无产阶级政党是先进的政党，一方面它是由无产阶级的先进分子组成的，另一方面它是以科学的理论为指导的。马克思、恩格斯在《共产党宣言》中，深刻地阐述了无产阶级政党的先锋队性质。第一，无产阶级政党的宗旨是为无产阶级的利益而奋斗。无产阶级政党是工人阶级的先进组织，代表无产阶级及全人类解放的共同利益和要求。"在无产阶级和资产阶级的斗争所经历的各个发展阶段上，共产党人始终代表整个运动的利益"②，"他们没有任何同整个无产阶级的利益不同的利益"。第二，无产阶级政党具有彻底的革命精神。无产阶级政党在反对现存的社会斗争中，时刻不忘无产阶级的最终目标是消灭私有制，实现共产主义，同时能够把当前的运动同共产主义远大目标结合起来。"共产党人为工人阶级的最近的目

---

① 中共中央马克思恩格斯列宁斯大林著作编译局：《马克思恩格斯全集》第 4 卷，人民出版社 1958 年版，第 572 页。

② 中共中央马克思恩格斯列宁斯大林著作编译局：《马克思恩格斯全集》第 1 卷，人民出版社 2012 年版，第 413 页。

的和利益而斗争，但是他们在当前的运动中同时代表运动的未来。"①
这是无产阶级政党区别于其他政党的一个重要标志。第三，无产阶级
政党拥有先进的理论，并积极践行这个理论。"在实践方面，共产党
人是各国工人政党中最坚决的、始终起推动作用的部分；在理论方
面，他们胜过其余无产阶级群众的地方在于他们了解无产阶级运动的
条件、进程和一般结果。"② 第四，无产阶级政党具有国际主义精神。
各国无产阶级的根本利益是一致的，因此各国无产阶级在革命斗争
中，必须加强团结，互相支援，为争取全人类的解放而斗争。

因此，无产阶级政党作为无产阶级的政治代表，在思想和行动上
具有先进性和前瞻性，必须走在一般群众的前列，坚持对无产阶级的
领导权。1850 年，马克思、恩格斯就指出，"工人，首先是共产主义
者同盟，不应再度降低自己的地位，去充当资产阶级民主派的随声附
和的合唱队，而应该谋求在正式的民主派旁边建立一个秘密的和公开
的独立工人政党组织，并且应该使自己的每一个支部都成为工人协会
的中心和核心"③。列宁一再强调必须坚持党对群众运动的领导权。
1905 年，他就指出，"党是阶级的先进部队，是阶级的领导者和组织
者，是整个运动及其根本和主要目的的代表。这些目的可能被每天的
日常工作暂时遮盖起来，但是，任何时候都不应失掉作为斗争着的无

---

① 中共中央马克思恩格斯列宁斯大林著作编译局：《马克思恩格斯全集》第 1 卷，人民出版社 2012 年版，第 434 页。

② 中共中央马克思恩格斯列宁斯大林著作编译局：《马克思恩格斯全集》第 1 卷，人民出版社 2012 年版，第 413 页。

③ 中共中央马克思恩格斯列宁斯大林著作编译局：《马克思恩格斯全集》第 1 卷，人民出版社 2012 年版，第 558 页。

产阶级的指路明灯的意义"①。1921年，他再次明确指出，"只有工人阶级的政党，即共产党，才能团结、教育和组织无产阶级和全体劳动群众的先锋队……并领导全体无产阶级的一切联合行动，也就是说在政治上领导无产阶级，并且通过无产阶级领导全体劳动群众"②。

无产阶级政党要在执政后实行最充分的领导。无产阶级政党不仅要在革命时期坚持领导权，在取得执政地位后仍然要掌握领导权，而且一刻也不能放松。马克思、恩格斯认为在推翻资产阶级后，要"把一切生产工具集中在国家即组织成为统治阶级的无产阶级手里，并且尽可能快地增加生产力的总量"③。列宁认为，无产阶级专政的性质和任务决定了无产阶级政党在社会主义建设中仍然要坚持领导权，并强调指出，"苏维埃应当掌握全部政权，他们的先锋队，革命无产阶级的政党应当领导斗争，——这才是无产阶级专政"④。无产阶级即便取得了政权，同资产阶级的斗争也依然没有结束，仍必须牢牢掌握领导权，实行"最充分的领导"，才能顺利地、有效地进行经济、政治、思想文化等各方面的斗争，全面完成自己的历史任务。

中国共产党是按照马克思主义建党原则建立的无产阶级政党，同时又在领导中国革命、建设中坚持和发展了马克思主义关于无产阶级政党领导权的思想。早在井冈山时期，毛泽东就提出"党指挥枪"的

① 中共中央马克思恩格斯列宁斯大林著作编译局：《列宁全集》第10卷，人民出版社1987年版，第1页。

② 中共中央马克思恩格斯列宁斯大林著作编译局：《列宁选集》第4卷，人民出版社2012年版，第474页。

③ 中共中央马克思恩格斯列宁斯大林著作编译局：《马克思恩格斯全集》第1卷，人民出版社2012年版，第421页。

④ 中共中央马克思恩格斯列宁斯大林著作编译局：《列宁全集》第38卷，人民出版社1986年版，第148页。

著名论断，建立了党对军队绝对领导的原则和制度。1942年9月，中央政治局通过的《中共中央关于统一抗日根据地党的领导及调整各组织间关系的决定》明确指出："党是无产阶级的先锋队和无产阶级组织的最高形式，他应该领导一切其他组织，如军队、政府与民众团体。"① 1962年1月，毛泽东再次强调："工、农、商、学、兵、政、党这七个方面，党是领导一切的。党要领导工业、农业、商业、文化教育、军队和政府。"②

在改革开放和社会主义现代化建设新时期，邓小平强调坚持党的领导是坚持四项基本原则的核心，提出"把我们党建设成为有战斗力的马克思主义政党，成为领导全国人民进行社会主义物质文明和精神文明建设的坚强核心"③。江泽民提出"三个代表"重要思想，强调始终做到"三个代表"是立党之本、执政之基、力量之源。胡锦涛将党的建设与党的领导紧密联系在一起，通过加强和改进新形势下党的建设，确保党始终成为中国特色社会主义的坚强领导核心。

在中国特色社会主义新时代，以习近平同志为核心的党中央把坚持和加强党的全面领导摆在更加突出的位置上，提出中国共产党领导是中国特色社会主义最本质的特征，是中国特色社会主义制度的最大优势，强调中国共产党是执政党，党的领导是做好党和国家各项工作的根本保证，"治理好我们这个世界上最大的政党和人口最多的国家，必须坚持党的全面领导特别是党中央集中统一领导"④。

---

① 中共中央文献研究室、中央档案馆：《建党以来重要文献选编（1921—1949）》第19册，中央文献出版社2011版，第423页。

② 中共中央文献研究室：《毛泽东文集》第8卷，人民出版社1999年版，第305页。

③ 邓小平：《邓小平文选》第3卷，人民出版社1993年版，第39页。

④《中共中央关于党的百年奋斗重大成就和历史经验的决议》，人民出版社2021年版，第65页。

第二节　共产主义运动的深刻启示

坚持党的领导，是马克思主义政党学说的核心思想，也是回顾历史、总结经验得出的科学结论。

共产主义运动是指在马克思主义指导下，在无产阶级政党领导下，全世界无产阶级及广大人民群众反对资本主义和一切剥削制度，进行无产阶级革命和社会主义建设，并为最终实现共产主义而奋斗的社会运动。自 1847 年共产主义者同盟成立和 1848 年 2 月《共产党宣言》发表以来，世界共产主义运动走过了 170 余年的历程。

历史往往要经过岁月的风雨才能看得更清楚。壮阔的征程需要领航的力量，回望世界共产主义运动波澜壮阔的发展历程便可知道，共产主义运动是在无产阶级政党领导下为无产阶级和广大劳动群众求解放的事业，坚持无产阶级政党的领导，是夺取这一事业胜利的根本保证。

一、三大工人运动的失败呼唤无产阶级政党的成立

19 世纪三四十年代，法、英、德等国的无产阶级开展了独立的政治运动，主要表现就是发动了法国里昂工人起义、英国宪章运动、德国西里西亚纺织工人起义这三大工人运动。

（一）法国里昂工人起义

即 1831 年和 1834 年，法国里昂工人反对资本主义剥削压迫的两次武装起义。里昂是法国丝织业中心，在工厂主和包买商的残酷剥削下，丝织工人和手工业者生活极为困苦。1831 年初，里昂工人掀起一场以要求提高工价为主要内容的运动，工人多次举行集会、请愿、游行。在工人的强烈抗议下，包买商与工人达成最低工价协议，但事后包买商拒不执行，激起工人的愤怒。1831 年 11 月 21 日，工人举行抗议示威，与军警发生冲突后，转为自发的武装起义。起义者提出"工作不能活，毋宁战斗死"的口号。经过 3 天战斗，工人一度占领里昂城。但起义很快被七月王朝政府调来的军队镇压。

1834 年 4 月 9 日，里昂再度爆发丝织工人起义。导致起义的直接原因是政府逮捕和审判罢工领袖，发布禁止工人结社集会的法令。这次起义具有更鲜明的政治性质，不仅提出经济要求，还明确提出了"废除君主制度、建立共和政体"的口号。起义者在旗帜上写着："我们为之斗争的事业是全人类的事业。"工人组织互助社的成员、小资产阶级民主主义者组织人权社和进步社的成员组成总委员会，领导这次斗争。起义群众同政府军在里昂郊区和市内进行了 6 天激战，终因力量悬殊被政府军镇压。起义在巴黎和法国许多地区引起强烈反响，推动了法国工人运动的发展。里昂工人的两次起义是法国无产阶级作为独立的政治力量登上历史舞台的重要标志之一。

（二）英国宪章运动

即 19 世纪三四十年代，英国无产阶级争取政治权利的运动，先后经历了三次高潮，罢工和游行示威波及全国。

英国是第一个发生资产阶级革命和进行工业革命的国家，19 世纪时被称为"世界工厂"。多少年来，在这个以实行"议会民主"而闻名的国家里，却只有缴纳高额所得税的人才有选举权，广大工人被排斥在议会大门之外。

1838 年，伦敦工人协会公布了包括实行普选权等 6 项要求的请愿书，又称《人民宪章》，宪章运动由此得名。1840 年，宪章派成立了全国宪章协会，领导全国宪章运动。宪章运动以《人民宪章》征集签名的形式，举行集会和示威，先后掀起三次斗争高潮。第一次（1839年）签名者有 125 万人，第二次（1842 年）签名者有 330 万人，第三次（1848 年）签名者有 197 万人。这些请愿均遭到国会的否决。

英国宪章运动的目的，是工人们取得普选权，以便有机会参与国家的管理。列宁评价宪章运动是"世界上第一次广泛的、真正群众性的、政治性的无产阶级革命运动"。宪章运动标志着英国无产阶级开始作为一支独立的政治力量登上了历史舞台，揭开了英国无产阶级同资产阶级争夺政治权力的斗争的序幕。

（三）德国西里西亚纺织工人起义

1844 年 6 月德国西里西亚的纺织工人起义，直接反对资本家的残酷剥削，提出了消灭私有制、劳动者享有自己的成果、人民应有选举权等政治权利的口号。

西里西亚当时有发达的纺织业，这个地区从事棉麻纺织的工人和家庭手工业者受到工厂主、包买商以及地主的残酷剥削，处于饥寒交迫的死亡线上。在 19 世纪 40 年代，资本家把英国机器纺织品冲击带来的损失转嫁给工人，加剧了他们的贫困。1844 年 6 月 4 日，以争取提高工资被拒绝为导火线，在欧根山麓两个纺织村镇彼特斯瓦尔道和朗根比劳爆发了纺织工人自发的起义，起义队伍达到 3000 人。起义者以简陋武器迎战前来镇压的拥有骑兵和炮兵的政府军，一直坚持到6 月 6 日被镇压。这次起义推动了工人运动的发展。西里西亚主要城市布勒斯劳的手工业者和学徒，柏林、亚琛的纺织工人，马格伏堡的糖厂工人等，先后举行罢工以及局部起义，响应西里西亚纺织工人的斗争。这次纺织工人起义表明，德国无产阶级已作为独立的政治力量登上了历史舞台。

三大工人运动提出了公开的政治主张和政治要求，明确反抗资本主义制度，突出了斗争的阶级性；开始采取罢工、游行示威和武装起义等政治斗争方式，直接与资产阶级统治者进行面对面的斗争，提高了斗争的组织性，标志着欧洲工人阶级已经作为独立的政治力量登上了历史舞台，开始显示出工人阶级的伟大历史作用。但这三大工人运动最终都失败了，究其原因，主要是没有革命理论的指导和无产阶级政党的领导。由于缺乏革命理论的指导，无产阶级还不能准确认识资本主义的本质，不能提出科学的行动纲领，没有找到实现自身解放的正确道路；没有组成无产阶级政党，没有无产阶级政党的领导，无产阶级还不能真正"作为一个阶级来行动"。因此，三大工人运动的失败表明，无产阶级反对资产阶级的斗争，迫切需要新的思想引领革命斗争，迫切需要新的组织凝聚革命力量。只有建立自己的独立政党，无产阶级才能独立自主地确定自己的目的和政策，使工人分散的、自发的斗争发展成为整个阶级的自觉行动。

二、 巴黎公社失败的根本原因: 没有无产阶级政党的领导

1871 年 3 月 18 日，巴黎工人阶级举行了震撼世界的起义，推翻了资产阶级反动统治，建立了无产阶级新型政权。1871 年 3 月 28 日，人类历史上第一个无产阶级专政的政权——巴黎公社宣告成立，在与国内外阶级敌人的浴血奋战中，谱写了一曲可歌可泣、英勇悲壮的革命颂歌。但由于公社没有一个以科学理论为指导的无产阶级政党作为革命的领导核心，在一系列重大问题上犯了严重错误，最终于 1871 年 5 月 28 日失败。

由于没有无产阶级政党的领导，巴黎公社的领导者们在起义胜利后，不能给工人阶级和人民群众制定正确的斗争策略、指明正确的斗争目标，不能彻底有力地打击阶级敌人，从而给革命政权留下了致命的祸根。3 月 18 日起义胜利后，仓皇逃往凡尔赛的梯也尔政府军，所剩残兵败将不足 2 万人，而巴黎的国民自卫军却有 30 万，本应乘胜追击，一举全歼，以免后患，但是国民自卫军中央委员会却忙于进行公社选举，急于把政权移交给民选机关，致使蜷缩在凡尔赛的梯也尔政府获得了喘息时间，为血洗巴黎公社准备了反革命力量。马克思曾经批评这些"诚实的"巴黎人："由于讲良心而把时机放过了。他们不愿意开始内战，好像那邪恶的侏儒梯也尔在企图解除巴黎武装时还没有开始内战似的！第二个错误是中央委员会过早地放弃了自己的权力，而把它交给了公社。这又是出于过分'诚实的'考虑！"[①]

① 中共中央马克思恩格斯列宁斯大林著作编译局：《马克思恩格斯全集》第 33 卷，人民出版社 1973 年版，第 207 页。

由于没有无产阶级政党领导，巴黎公社领导集团内部派别对立，主张各异，难以形成坚强有力、团结统一的领导核心，因而大大削弱了公社的战斗力。3月26日公社选举出的86名公社委员中，布朗基派和新雅格宾派组成"多数派"，蒲鲁东派组成"少数派"，可见，公社委员会只不过是由各种政治派别组成的集合体。在起义前，推翻资产阶级统治、建立公社和实行自治这一共同目标和理想，把各派力量联合在一起，但起义胜利后，各派分歧就开始暴露，并逐步演化为针锋相对的斗争。其中布朗基派和新雅格宾派（即"多数派"）主张在公社处于危急的情况下，建立一个享有高度集权的社会拯救委员会，以挽救危局，但遭到反对任何权威、任何专政的蒲鲁东派（即"少数派"）的强烈反对。起初两派只是在公社委员会会议上进行争吵，后来升级到在报刊上进行公开论战。两派的分裂，不仅损害了公社的威信，挫伤了人民群众团结抗敌的信心，而且造成军事指挥上的极度混乱。一直到"五月流血周"公社面临存亡之际，两派才放弃争论，共同领导了保卫公社的战斗。但此时败局已定，无法挽回了。恩格斯说："公社本身分成了布朗基派（多数）和蒲鲁东派（少数），无论哪一派都不知道应该干什么，彼此进行着无谓的斗争，致使公社精力疲惫。"①

巴黎公社正是由于没有一个以马克思主义为指导的无产阶级政党的领导，不懂得社会发展和阶级斗争的规律，只凭着阶级的本能和人民群众运动的推动，才做出了"与他们学派的信条相反的事情"。这就决定了巴黎公社的领导者不可能把这场革命推向胜利。如果说，3

① 中共中央马克思恩格斯列宁斯大林著作编译局：《马克思恩格斯全集》第22卷，人民出版社1965年版，第600页。

月 18 日巴黎工人阶级的起义是法国在民族危急关头阶级斗争合乎逻辑发展的结果，那么，没有无产阶级政党的领导，也是巴黎公社失败的历史必然。

这一点，马克思和他的战友们在公社期间就觉察到了。1871 年 5 月 12 日，马克思的夫人燕妮在写给库格曼的一封信中谈到公社本身的缺点和错误时说："这一切不幸在新生而迅猛的运动中是不可避免的，如果有一个坚强的、富于牺牲的、有觉悟的工人核心，本来是能够克服的；但是，我认为，现在一点希望也没有了……"

巴黎公社这一历史教训证明，有没有一个用马克思主义理论为指导的无产阶级政党的领导，直接关系革命事业的成败。有了这样一个革命政党的领导，没有政权可以取得政权，夺取了政权也能够不断巩固和发展。没有这样一个革命政党的领导，即使一时夺取了政权，也不能保持和巩固政权。

三、苏联解体、苏共垮台的重要原因：苏共放弃了领导地位

总结苏共亡党、苏联解体的教训，不难发现，苏联后期戈尔巴乔夫在所谓的改革中，不断弱化、虚化、淡化、边缘化党的领导，最终放弃党的领导地位，是苏联解体、苏共垮台最重要的原因。

苏共作为国际共产主义运动中的大党，有着悠久的革命历史，取得过辉煌的社会主义建设成就。苏联是布尔什维克党领导十月革命胜利的结果，苏共作为苏维埃政权和政治体系的根本和核心，是维系整个苏联大厦的支柱和栋梁。然而，戈尔巴乔夫执政时期，却视苏共为

"绊脚石和阻碍机制"，采取"非党化、去苏共化"的政策，从多个方面削弱苏共的领导地位。一是思想上削弱。戈尔巴乔夫倡导的"公开性""民主化""多元论"等种种"新思维"，从根本上背离马克思主义意识形态，扰乱人们的思想，引发各种社会思潮泛滥，导致苏联后期整个政治思想领域的松动、滑落和崩盘，苏共逐渐失去以往的凝聚力和号召力，逐渐丧失引导改革和国家发展的能力，在政治生活中逐渐被边缘化。二是组织上分裂肢解。1985 年 12 月，苏共中央宣传部部长雅科夫列夫上书苏共中央总书记，建议在组织上将党一分为二，即分成社会党和人民民主党，全民投票选举总统，任期 10 年的政府由在全民选举中获胜的党的总书记领导。苏共二十八大通过的政治决议规定，除了与苏共有着共同的"纲领性原则"之外，各个加盟共和国的共产党以后都可以自行"制定自己的纲领和文件，独立解决政治、组织、干部、宣传和财政问题"，如果不同意中央的决议可以不执行。三是法律上取消。1990 年 2 月 4 日，苏共中央召开二月全会前夕，所谓的"民主派"在莫斯科组织了 20 万人参加的集会游行，直接喊出了取消苏共领导地位、实行多党制、审判苏共等口号。在一个多月后举行的第三次苏联（非常）人民代表大会上，在所谓的"民主派"代表和戈尔巴乔夫及其领导的苏共"改革派"的共同推动下，大会正式通过了修改宪法的法律——《关于设立苏联总统职位和苏联宪法（根本法）修改补充法》，将宪法第六条"苏联共产党是苏联社会的领导力量和指导力量，是苏联社会政治制度以及国家和社会组织的核心"，修改为"苏联共产党、其他政党以及工会、共青团、其他社会团体和运动通过自己选入人民代表苏维埃的代表并以其他形式参加制定苏维埃国家的政策，管理国家和社会事务"，正式取消了苏共的法定领导地位。四是抛弃与葬送。苏共后期，苏共实际上已经被戈尔巴乔夫等高层抛弃。1990 年前后，戈尔巴乔夫对党已经失去信心，开始为自己安排退路：提出设立总统一职。1991 年 8 月 24 日，戈尔巴乔夫发表声明，宣布辞去苏共中央总书记一职，同时要求苏共中央自行解散，各加盟共和国的共产党和地方党组织自行决定自己的前途。1991 年 11 月 5 日，俄罗斯总统叶利钦再次发布命令，宣布完全禁止苏共和俄共在俄联邦境内的活动。至此，在境内外反共势力的合力进攻下，执政 74 年、有着近 2000 万党员的苏共轰然垮台，苏联这个曾经带领全世界几十亿被压迫的人们同帝国主义做斗争的国家解体了，苏联这个世界上第一个社会主义国家顷刻之间不复存在，这一切都让人猝不及防，又让人无比唏嘘……人们不得不追问，一个执政 74 年的政党为何如此脆弱、不堪一击？

党的领导是社会主义事业之基。苏共在境内外反共势力的合力进攻下被瓦解、被摧毁，苏共作为国家政权的核心、作为凝聚苏联各民族的政治领导核心被动摇了、被打垮了、被推翻了，完整的苏联被瓦解也就不可避免了。一句话，没有苏共的正确领导，就没有苏联，也就没有苏联社会主义事业。苏联解体、苏共垮台充分证明，党的领导与社会主义事业是一个事物的一体两面，须臾不可分割。坚持党的领导是社会主义国家执政党的执政规律；削弱、放弃党的领导地位，就会给党和国家带来灾难，甚至丧失政权，亡党亡国。

第三节　百年奋斗得出的科学认识

回望百年历程，中国人民和中华民族之所以能够扭转近代以后的历史命运、取得今天的伟大成就，最根本的是有党的坚强领导。

一、历史和人民选择了中国共产党

党的领导地位不是自封的，而是历史和人民的选择。习近平总书记指出，只要我们深入了解中国近代以来的历史就不难发现，"如果没有中国共产党领导，完成民族独立和解放的任务就可能拖得更久、付出的代价更大，我们的国家更不可能取得今天这样的发展成就、更不可能具有今天这样的国际地位"①。因此，"中华民族近代以来 180 多年的历史、中国共产党成立以来 100 年的历史、中华人民共和国成立以来 70 多年的历史都充分证明，没有中国共产党，就没有新中国，就没有中华民族伟大复兴。历史和人民选择了中国共产党"②。

中国是世界文明古国，在漫长的历史发展中，中华民族和中国人民创造了人类历史上唯一一个绵延 5000 多年至今未曾中断的灿烂文明，曾长期领先于世界，备受世人尊崇。然而，"1840 年鸦片战争以

---

① 习近平：《在纪念中国人民抗日战争暨世界反法西斯战争胜利 75 周年座谈会上的讲话》，《人民日报》2020 年 9 月 3 日。

② 习近平：《在庆祝中国共产党成立 100 周年大会上的讲话》，《人民日报》2021 年 7 月 2 日。

后，中国逐步成为半殖民地半封建社会，国家蒙辱、人民蒙难、文明
蒙尘，中华民族遭受了前所未有的劫难"①。黑暗使人渴望光明，苦难
使人长怀壮志。在民族屈辱和历史沉沦中，不屈不挠的中国人民奋起
抗争，"仁人志士奔走呐喊，太平天国运动、戊戌变法、义和团运动、
辛亥革命接连而起，各种救国方案轮番出台，但都以失败而告终"②，
都没能从根本上改变中华民族受压迫、受欺凌的悲惨命运。

　　中国人民在这些抗争及其连续失败中逐步走向觉醒：没有新的科
学思想的指引，没有先进政治组织的领导，就不能把握历史发展方向
而难以找到正确道路，就难以上升为自觉自为的历史主体，就依然陷
入一盘散沙状态而难以形成强大的历史合力，中华民族伟大复兴就永
远只是一个梦想而难以成为现实。因此，中国迫切需要新的思想引领
救亡运动，迫切需要新的组织凝聚革命力量，迫切需要探索新的道路
来改变命运。

　　就在中国人问道无果、寻路失败而痛苦无奈之时，十月革命一声
炮响，给中国送来了马克思列宁主义。中国人从十月革命的胜利中看
到了人类文明发展的曙光，看到了中华民族解放的希望，"走俄国人
的路"，进行无产阶级革命，建立和发展社会主义，成为中国先进分
子的集体选择。习近平总书记指出："中国共产党是怎样诞生的？是
通过马克思列宁主义同中国工人运动相结合而产生的。十月革命一声
炮响，给我们送来了马克思列宁主义，这就是当时的世界大势。我们
党从这个世界大势中产生出来，走在了时代前列，成为时代的弄潮

① 习近平：《在庆祝中国共产党成立100周年大会上的讲话》，《人民日报》2021年7月2日。
② 习近平：《在庆祝中国共产党成立100周年大会上的讲话》，《人民日报》2021年7月2日。

儿。"① 他在庆祝中国共产党成立 100 周年大会上的讲话中再次指出："十月革命一声炮响，给中国送来了马克思列宁主义。在中国人民和中华民族的伟大觉醒中，在马克思列宁主义同中国工人运动的紧密结合中，中国共产党应运而生。"② 因此，成立中国共产党，是近代以来中国人民斗争、失败、再斗争、再失败，诸路皆走不通后的必然选择，是中国近代历史发展逼出来的迫切需要。

于国家衰败之际、民族危难之时诞生的中国共产党，一经成立就把实现共产主义作为党的最高理想和最终目标，义无反顾地肩负起实现中华民族伟大复兴的历史使命。党的第一次全国代表大会讨论和通过的《中国共产党第一个纲领》，宣布党的名称为"中国共产党"，规定了党的纲领，即"革命军队必须与无产阶级一起推翻资本家阶级的政权，必须支援工人阶级，直到社会的阶级区分消除为止；承认无产阶级专政，直到阶级斗争结束，即直到消灭社会的阶级区分；消灭资本家私有制，没收机器、土地、厂房和半成品等生产资料，归社会公有；联合第三国际"③。这充分说明，党自诞生之日起就把马克思主义镌刻在自己的旗帜上，以一种舍我其谁的责任担当，自觉担负起了消灭阶级、建立新社会的历史使命。

二、党没有辜负历史和人民的选择

中国共产党的诞生，使中国革命有了主心骨，中华民族有了引路

① 习近平：《论中国共产党历史》，中央文献出版社 2021 版，第 18 页。
② 习近平：《在庆祝中国共产党成立 100 周年大会上的讲话》，《人民日报》2021 年 7 月 2 日。
③ 中共中央文献研究室、中央档案馆：《建党以来重要文献选编（1921—1949）》第 1 册，中央文献出版社 2011 年版，第 1 页。

人，中国革命的面貌焕然一新。党的十九大报告指出："中国先进分子从马克思列宁主义的科学真理中看到了解决中国问题的出路……从此，中国人民谋求民族独立、人民解放和国家富强、人民幸福的斗争就有了主心骨，中国人民就从精神上由被动转为主动。"[①] 中国共产党是具有鲜明政治优势、理论优势、组织优势、作风优势和纪律优势的无产阶级政党，是具有强大政治领导力、思想引领力、群众组织力、社会号召力的马克思主义政党，是在历史的反复筛选中、在各种政治力量的反复较量中，最终成为担当民族复兴重任的最高政治领导力量。在百年接续奋斗中，党领导人民浴血奋战、百折不挠，创造了新民主主义革命的伟大成就；自力更生、发愤图强，创造了社会主义革命和建设的伟大成就；解放思想、锐意进取，创造了改革开放和社会主义现代化建设的伟大成就；自信自强、守正创新，创造了新时代中国特色社会主义的伟大成就。这些辉煌成就生动展示了"中国共产党能"。

在党的领导下创造了新民主主义革命的伟大成就。1921年中国共产党的成立，掀开了新民主主义革命的历史篇章。1949年，毛泽东在《论人民民主专政》一文中，对新民主主义革命的基本经验做了集中概括："我们有许多宝贵的经验。一个有纪律的，有马克思列宁主义的理论武装的，采取自我批评方法的，联系人民群众的党。一个由这样的党领导的军队。一个由这样的党领导的各革命阶级各革命派别的统一战线。这三件是我们战胜敌人的主要武器。这些都是我们区别于前人的。依靠这三件，使我们取得了基本的胜利。"[②] 正是在党的领导下，我们把马克思主义普遍真理同中国革命的具体实践相结合，用马

---

① 《党的十九大报告辅导读本》，人民出版社2017年版，第13页。
② 《毛泽东选集》第4卷，人民出版社1991年版，第1480页。

克思主义之"矢"去射中国革命之"的"，在长期斗争的实践探索中走出了一条不同于俄国十月革命的道路，即农村包围城市、武装夺取政权的革命道路，把被人视为一盘散沙的中国人民团结和凝聚成万众一心的不可战胜的磅礴力量，经过 28 年艰苦卓绝的英勇斗争，终于推翻了帝国主义、封建主义和官僚资本主义的反动统治，建立了人民当家做主的中华人民共和国，实现了民族独立、人民解放，取得了新民主主义革命的伟大胜利，彻底结束了旧中国半殖民地半封建社会的历史，彻底结束了旧中国一盘散沙的局面，彻底废除了列强强加给中国的不平等条约和帝国主义在中国的一切特权，实现了中国从几千年封建专制政治向人民民主的伟大飞跃，为实现中华民族伟大复兴创造了根本社会条件。正是因为有了党的领导，中国才能挣脱最悲惨的境遇，向着光明的前途实现伟大的历史转变。"没有共产党，就没有新中国"，这是中国人民依据近代以来中国革命的历史经验得出的最基本、最重要的结论，是中国人民基于自己的切身体会所确认的伟大真理。

在党的领导下创造了社会主义革命和建设的伟大成就。从 1949 年中华人民共和国成立，到 1978 年党的十一届三中全会召开，是我国进行社会主义革命和建设的历史时期。这一时期，在党的领导下，我们赢得了抗美援朝战争的伟大胜利，巩固了新生的人民政权；完成了对农业、手工业和资本主义工商业的社会主义改造，实现了从新民主主义到社会主义的过渡，确立了社会主义基本制度，中国这个占世界四分之一人口的东方大国阔步迈入了社会主义社会，成功实现了中国历史上最深刻最伟大的社会变革；推进了社会主义建设，发展了社会主义的经济、政治和文化，建立起了独立的、比较完整的工业体系和国民经济体系，积累了在中国这样一个社会生产力水平十分落后的东方大国进行社会主义建设的重要经验，为在新的历史时期开创中国特色社会主义提供了宝贵经验、理论准备、物质基础。

在党的领导下创造了改革开放和社会主义现代化建设的伟大成就。党的十一届三中全会以来，中国进入改革开放和社会主义现代化建设新时期。这一时期，党领导人民解放思想、锐意进取，破除一切体制机制障碍，坚定不移推进改革开放，对内实现了从高度集中的计划经济体制到充满活力的社会主义市场经济体制的历史性转变，对外实现了从封闭半封闭到全方位开放的历史性转变，为实现中华民族伟大复兴提供了充满新的活力的体制保证。党领导人民始终坚持以经济建设为中心，不断解放和发展社会生产力，实现了从生产力相对落后的状况到经济总量跃居世界第二的历史性突破，实现了人民生活从温饱不足到总体小康、奔向全面小康的历史性跨越，推进了中华民族从站起来到富起来的伟大飞跃，为实现中华民族伟大复兴提供了快速发展的物质条件。

在党的领导下创造了新时代中国特色社会主义的伟大成就。党的十八大以来，中国特色社会主义进入新时代，党领导人民自信自强、守正创新，以前所未有的历史主动精神、历史创造精神，出台一系列重大方针政策，推出一系列重大举措，推进一系列重大工作，战胜一系列重大风险挑战，解决了许多长期想解决而没有解决的难题，办成了许多过去想办而没有办成的大事，推动党和国家事业取得历史性成就、发生历史性变革，为实现中华民族伟大复兴提供了更为完善的制度保证、更为坚实的物质基础、更为主动的精神力量，中华民族伟大复兴进入了不可逆转的历史进程。

历史和人民选择了中国共产党，中国共产党没有辜负历史和人民的选择。回望百年历史，中国共产党是实现中华民族伟大复兴的中流砥柱。坚持党的领导，是我们党开展一切事业、完成一切任务的首要政治前提，是取得一切成就、推动一切工作的根本政治保障。对比党成立前后中国面貌发生的根本改变，回望新中国成立以来发生的翻天覆地的巨变，我们不难发现，中国人民和中华民族之所以能够扭转近代以后的历史命运、取得今天这样的伟大成就，最根本的就是有党的坚强领导。

历史和现实反复证明，党具有强大领导力、组织力、执行力，是我国政治稳定、经济发展、民族团结、社会稳定的根本点，是风雨来袭时中国人民最可靠的主心骨、定盘星。如今，在党的领导下，中华民族正以自信自立自强的傲然姿态屹立于世界民族之林，我们的国家从来没有像今天这样欣欣向荣、蒸蒸日上，我们的民族从来没有像今天这样扬眉吐气、自信满怀，我们的人民从来没有像今天这样幸福安康、心情舒畅。

第二章

中国特色社会主义最本质的特征

　　《决议》强调，"中国特色社会主义最本质的特征是中国共产党领导，中国特色社会主义制度的最大优势是中国共产党领导，中国共产党是最高政治领导力量，全党必须增强'四个意识'、坚定'四个自信'、做到'两个维护'"①。中国共产党领导是中国特色社会主义最本质的特征这一重大论断，深刻揭示了中国共产党领导与中国特色社会主义的内在关系，强调了党的领导的极端重要性，丰富和发展了马克思主义政党理论。如今，党的领导是中国特色社会主义最本质的特征已经写入党章、载入宪法，体现了全党的意志和国家的意志，反映了最广大人民的根本利益。

---

①《中共中央关于党的百年奋斗重大成就和历史经验的决议》，人民出版社2021年版，第24页。

第一节　百年奋斗的根本成就

170 多年前，马克思、恩格斯在《共产党宣言》中描绘的共产主义，在 170 多年后的中国大地上，已茁壮成长为一个巨人，中国特色社会主义的中国，巍然屹立在世界的东方，日益走近世界舞台的中央。我们党团结带领全国人民在百年接续奋斗中，创造了"四个伟大成就"，而其中的根本成就就是中国特色社会主义。中国特色社会主义作为今天中国人民的最大共识和共同理想，已成为当代中国的根本政治标识。

一、　中国特色社会主义的百年艰辛探索

中国特色社会主义不是从天上掉下来的，更不是什么外国人恩赐给我们的，它是中国历史发展的必然结果，是党团结带领人民坚持走自己的路、历尽千辛万苦、付出巨大代价而取得的根本成就。党从诞生之日起，就以在半殖民地半封建的中国完成新民主主义革命进而实现社会主义、共产主义为目标；从新中国成立之日起，就以实现向社会主义转变并探索适合中国国情的社会主义建设道路为己任；改革开放新的伟大革命开始不久，就以在中国特色社会主义道路上实现中华民族伟大复兴为使命。党在百年接续探索中艰难地开创、坚持和发展了中国特色社会主义，并自十八大以来阔步迈入了新时代，从根本上

改变了中国人民和中华民族的前途命运。

（一）在党的领导下奠定了中国特色社会主义的前提基础

新民主主义革命的伟大成就为中国特色社会主义的形成和发展奠定了根本政治前提。1840 年鸦片战争以后，中国遭受帝国主义列强的野蛮侵略和封建专制制度的腐朽统治，逐步沦为半殖民地半封建社会，中华民族遭受了前所未有的劫难，中国人民处于水深火热的悲惨境地。为了拯救民族危亡，中国人民奋起反抗，各种救国方案轮番出台，但都以失败而告终。十月革命一声炮响，给中国送来了马克思列宁主义。中国先进分子从马克思列宁主义的科学真理中看到了解决中国问题的出路，应运而生的中国共产党团结带领人民以武装的革命反对武装的反革命，经过 28 年的浴血奋战，推翻了压在中国人民头上的三座大山，建立了人民当家做主的新中国。新民主主义革命的伟大成就是在党的领导下取得的，"没有共产党就没有新中国"，而没有新中国，哪有什么中国特色社会主义？

社会主义革命和建设的伟大成就为中国特色社会主义的形成和发展奠定了制度基础，为开创中国特色社会主义提供了宝贵经验、理论准备、物质基础。新中国成立后，在党的领导下，我国完成了对农业、手工业和资本主义工商业的社会主义改造，消灭了延续几千年的封建剥削压迫制度，建立了社会主义基本经济制度；建立了人民代表大会制度、中国共产党领导的多党合作和政治协商制度、民族区域自治制度，确立起社会主义根本政治制度和基本政治制度，实现了从新民主主义到社会主义的转变，为我国一切进步和发展奠定了重要基础，也为中国特色社会主义的形成和发展创造了必要的制度前提。在轰轰烈烈的社会主义革命和建设时期，党团结带领中国人民，自力更生、发愤图强，对社会主义建设进行了艰辛探索，积累了坚持实事求是的思想路线、坚持推进马克思主义中国化、坚持党的领导、坚持人民主体地位、坚持放眼世界与立足中国互为条件等诸多宝贵经验，为开创中国特色社会主义提供了必要条件；形成了调动一切积极因素为社会主义事业服务的思想、正确认识和处理社会主义社会矛盾的思想、建设社会主义现代化的思想以及关于国防和军队建设、实现国家统一、外交和国际战略、执政党建设的思想等诸多宝贵思想成果，为开创中国特色社会主义提供了理论准备；建立起独立的比较完整的工业体系和国民经济体系，农业生产条件显著改变，国防建设取得巨大进展，教育、科学、文化、卫生、体育事业均有很大发展，为开创中国特色社会主义奠定了物质基础。正是因为从新中国成立到改革开放前30年的社会主义实践探索，为改革开放后中国特色社会主义的形成和发展奠定了多方面的前提与基础，习近平总书记才特别强调改革开放前和改革开放后的两个时期不能相互否定，明确指出："我们党领导人民进行社会主义建设，有改革开放前和改革开放后两个历史时期，这是两个相互联系又有重大区别的时期，但本质上都是我们党领导人民进行社会主义建设的实践探索。中国特色社会主义是在改革开放历史新时期开创的，但也是在新中国已经建立起社会主义基本制度、并进行了20多年建设的基础上开创的。虽然这两个历史时期在进行社会主义建设的思想指导、方针政策、实际工作上有很大差别，但两者绝不是彼此割裂的，更不是根本对立的。不能用改革开放后的历史时期否定改革开放前的历史时期，也不能用改革开放前的历史时期否定改革开放后的历史时期。要坚持实事求是的思想路线，分清主流和支流，坚持真理，修正错误，发扬经验，吸取教训，在这个基础上把党和人民事业继续推向前进。"①

（二）在党的领导下形成和发展了中国特色社会主义

在中国特色社会主义的形成和发展过程中，党起着不可或缺的重要作用。没有党的领导，就没有中国特色社会主义的开创、坚持、捍卫、发展，中国特色社会主义也难以取得巨大成就并进入新时代。

党的十一届三中全会以后，以邓小平同志为主要代表的中国共产党人，团结带领全党全国各族人民，深刻总结新中国成立以来正反两方面经验，围绕什么是社会主义、怎样建设社会主义这一根本问题，借鉴世界社会主义历史经验，创立了邓小平理论，深刻揭示了社会主义本质，确立了社会主义初级阶段基本路线，明确提出走自己的路、建设中国特色社会主义，科学回答了建设中国特色社会主义的一系列基本问题，制定了到 21 世纪中叶分三步走、基本实现社会主义现代化的发展战略，成功开创了中国特色社会主义。

党的十三届四中全会以后，以江泽民同志为主要代表的中国共产党人，团结带领全党全国各族人民，坚持党的基本理论、基本路线，加深了对什么是社会主义、怎样建设社会主义和建设什么样的党、怎样建设党的认识，形成了"三个代表"重要思想，在国内外形势十分复杂、世界社会主义出现严重曲折的严峻考验面前捍卫了中国特色社会主义，确立了社会主义市场经济体制的改革目标和基本框架，确立了社会主义初级阶段公有制为主体、多种所有制经济共同发展的基本

① 《习近平谈治国理政》第 1 卷，外文出版社 2018 年版，第 22—23 页。

经济制度和按劳分配为主体、多种分配方式并存的分配制度，开创了全面改革开放新局面，推进了党的建设新的伟大工程，成功把中国特色社会主义推向 21 世纪。

党的十六大以后，以胡锦涛同志为主要代表的中国共产党人，团结带领全党全国各族人民，在全面建设小康社会进程中推进实践创新、理论创新、制度创新，深刻认识和回答了新形势下实现什么样的发展、怎样发展等重大问题，形成了科学发展观，抓住重要战略机遇期，聚精会神搞建设，一心一意谋发展，强调坚持以人为本、全面协调可持续发展，着力保障和改善民生，促进社会公平正义，推进党的执政能力建设和先进性建设，成功在新形势下坚持和发展了中国特色社会主义。

（三）在党的领导下开创了中国特色社会主义新时代

党的十八大以来，中国特色社会主义阔步迈入新时代，我国的发展站在了新的历史方位上。

新时代孕育新思想。以习近平同志为主要代表的中国共产党人，坚持把马克思主义基本原理同中国具体实际相结合、同中华优秀传统文化相结合，坚持毛泽东思想、邓小平理论、"三个代表"重要思想、科学发展观，深刻总结并充分运用党成立以来的历史经验，从新的实际出发，创立了习近平新时代中国特色社会主义思想，科学回答了新时代坚持和发展什么样的中国特色社会主义、怎样坚持和发展中国特色社会主义，建设什么样的社会主义现代化强国、怎样建设社会主义现代化强国，建设什么样的长期执政的马克思主义政党、怎样建设长期执政的马克思主义政党等重大时代课题。习近平新时代中国特色社会主义思想是当代中国马克思主义、21 世纪马克思主义，是中华文化和中国精神的时代精华，实现了马克思主义中国化时代化新的飞跃。在当代中国，坚持和发展习近平新时代中国特色社会主义思想，就是坚持和发展马克思主义，就是坚持和发展科学社会主义。

新思想指导新时代。以习近平同志为核心的党中央，以伟大的历史主动精神、巨大的政治勇气、强烈的责任担当，统筹把握中华民族伟大复兴战略全局和世界百年未有之大变局，贯彻党的基本理论、基本路线、基本方略，统揽伟大斗争、伟大工程、伟大事业、伟大梦想，坚持稳中求进工作总基调，出台一系列重大方针政策，推出一系列重大举措，推进一系列重大工作，战胜一系列重大风险挑战，解决了许多长期想解决而没有解决的难题，办成了许多过去想办而没有办成的大事，推动党和国家事业取得历史性成就、发生历史性变革，人民的获得感、幸福感、安全感显著增强，中国的国际地位和影响力空前提升，人民群众对实现中华民族伟大复兴的中国梦充满了信心。

二、 中国特色社会主义是百年奋斗的根本成就

中国特色社会主义承载着几代中国共产党人的理想和探索，寄托着无数仁人志士的夙愿和期盼，凝聚着亿万人民的奋斗和牺牲，是近代以来中国社会发展的必然选择，是当代中国发展进步的根本方向。习近平总书记深刻指出："中国特色社会主义是党和人民历经千辛万苦、付出巨大代价取得的根本成就，是实现中华民族伟大复兴的正确

道路。"①

（一）百年奋斗重大成就的集大成

《决议》指出："一百年来，党领导人民浴血奋战、百折不挠，创造了新民主主义革命的伟大成就；自力更生、发愤图强，创造了社会主义革命和建设的伟大成就；解放思想、锐意进取，创造了改革开放和社会主义现代化建设的伟大成就；自信自强、守正创新，创造了新时代中国特色社会主义的伟大成就。"中国特色社会主义是由党的百年奋斗重大成就积累而成的，是百年奋斗重大成就的集大成，既是这些成就的必然发展，又在更高层次上体现了这些成就。中国特色社会主义如同灿烂辉煌的大厦，新民主主义革命的伟大成就、社会主义革命和建设的伟大成就奠定了这个大厦的坚实基础，改革开放和社会主义现代化建设的伟大成就铸就了这个大厦的整体结构，新时代中国特色社会主义的伟大成就让这个大厦焕然一新、光彩夺目。新民主主义革命的伟大成就、社会主义革命和建设的伟大成就、改革开放和社会主义现代化建设的伟大成就、新时代中国特色社会主义的伟大成就是党的百年奋斗取得的阶段性成就，中国特色社会主义则是党的百年奋斗取得的综合性成就。具体而言，中国特色社会主义道路在一定意义上是中国革命和建设道路的继续和发展；中国特色社会主义理论体系和习近平新时代中国特色社会主义思想是毛泽东思想的继承和发展，是同马克思列宁主义、毛泽东思想既一脉相承又与时俱进的理论；中国特色社会主义制度萌芽于党局部执政时期，奠基于社会主义革命和建设时期，发展于改革开放和社会主义现代化建设新时期、中国特色

---

① 习近平：《在庆祝中国共产党成立100周年大会上的讲话》，《人民日报》2021年7月2日。

社会主义新时代，是几代共产党人不懈探索的伟大成果；中国特色社会主义文化源自中华民族 5000 多年文明历史所孕育的中华优秀传统文化，熔铸于党领导人民在革命、建设、改革中创造的革命文化和社会主义先进文化，植根于中国特色社会主义伟大实践，是中国特色社会主义建设的精神之根、精神之源和精神之魂。党的百年奋斗所取得的中国特色社会主义这一根本成就，使我们找到了通往中华民族伟大复兴的光明道路，形成了指引中华民族伟大复兴的科学理论，建立了保障中华民族伟大复兴的制度体系，凝聚了走向中华民族伟大复兴的精神力量。因此，我们党百年来团结带领人民开辟的伟大道路、创造的伟大事业、取得的伟大成就，归结起来就是：开辟了中国特色社会主义道路，形成了中国特色社会主义理论体系，确立了中国特色社会主义制度，发展了中国特色社会主义文化。中国特色社会主义既是党的百年奋斗取得的全部成就的重要组成部分，又是对其他一切成就的升华。

（二）坚持和发展中国特色社会主义才能巩固百年奋斗取得的成就

习近平总书记在庆祝中国共产党成立 100 周年大会上的重要讲话中强调指出："以史为鉴、开创未来，必须坚持和发展中国特色社会主义。"经过长期努力，中国特色社会主义进入了新时代，中国日益走近世界舞台中央，但也面临前所未有的各种挑战。"当前，我国面临对外维护国家主权、安全、发展利益，对内维护政治安全和社会稳定的双重压力，各种可以预见和难以预见的风险因素明显增多。"① 当今世界正经历百年未有之大变局，世界多极化、经济全球化、社会信息化、文化多样化深入发展，全球经济格局、利益格局和安全格局发生重大变化，综合国力竞争空前激烈，国际局势充满了不稳定性和不确定性。我国社会主要矛盾发生转化，发展质量和效益、创新能力、实体经济水平还有待提高，生态环境、民生领域还有不少短板，全面依法治国任务还很繁重，意识形态领域斗争还很复杂，改革开放还有待进一步深化。我们党依然面临复杂的长期执政考验、改革开放考验、市场经济考验、外部环境考验，依然面临严峻的精神懈怠危险、能力不足危险、脱离群众危险、消极腐败危险，党内存在的思想不纯、组织不纯、作风不纯等突出问题尚未得到根本解决，党的执政环境依然是复杂的，影响党的先进性、弱化党的纯洁性的因素依然是复杂的，推动全面从严治党永远在路上。世情、国情、党情的深刻变化，对巩固和发展党的百年奋斗所创造的成就提出了严峻挑战。只有坚持和发展中国特色社会主义，才能强基固本、凝神聚气，不为任何风险所惧，不被任何干扰所惑，为巩固和发展党的百年奋斗创造的一切成就提供正确方向、理论指南和制度保障。否定了中国特色社会主义，就否定了党的百年奋斗创造的一切成就的根本；动摇了中国特色社会主义，其他一切已经取得的成就就会丧失依托，甚至化为乌有。

（三）坚持和发展中国特色社会主义才能不断取得更大成就

一个国家实行什么样的主义，关键要看这个主义能否解决这个国

---

① 中共中央文献研究室：《十八大以来重要文献选编》上，中央文献出版社2014年版，第506页。

家面临的历史性课题。历史和现实都告诉我们，中国特色社会主义作为党和人民百年奋斗、创造、积累的根本成就，是引领中国进步、增进人民福祉、实现民族复兴的康庄大道，是实现中华民族伟大复兴的必由之路。党团结带领全国各族人民开创、坚持、捍卫、发展中国特色社会主义，用几十年时间走完了发达国家几百年走过的工业化历程，实现了从生产力相对落后的状况到经济总量跃居世界第二的历史性突破，在中华大地上全面建成了小康社会，物质文明、政治文明、精神文明、社会文明、生态文明协调发展，创造了中国式现代化新道路，创造了人类文明新形态，彰显出科学社会主义在当今世界的强大生命力。中国特色社会主义作为党和人民团结的旗帜、奋进的旗帜、胜利的旗帜，是当代中国发展进步的根本方向。

中国特色社会主义既是我们必须不断推进的伟大事业，又是我们开辟未来的根本保证。离开中国特色社会主义，一切发展进步都将无从谈起。在新征程上，党团结带领人民继续前进，把中国发展进步的命运牢牢掌握在自己手中，顺利实现中华民族伟大复兴宏伟目标，最根本的就是要高举中国特色社会主义伟大旗帜，坚定道路自信、理论自信、制度自信、文化自信，坚持自信自强、守正创新，让新时代中国特色社会主义永葆强大生命力。

习近平新时代中国特色社会主义思想为新时代坚持和发展中国特色社会主义提供了行动指南。习近平总书记指出，"坚持和发展中国特色社会主义是一篇大文章"，"我们这一代共产党人的任务，就是继续把这篇大文章写下去"。党的十八大以来，在习近平新时代中国特色社会主义思想的指引下，我们党团结带领人民勠力同心、排除万难，交出了沉甸甸、亮闪闪的改革成绩单、发展成绩单、治党成绩单、民生成绩单，取得了全面建成小康社会决定性成就，如期实现脱贫攻坚的庄严承诺，完成了人类反贫困史上的伟大壮举，推动了党和国家事业取得历史性成就、发生历史性变革，续写了经济快速发展奇迹和社会长期稳定奇迹，在"世界之乱"中彰显了"中国之治"，在"世界低迷"中创造了"中国样板"，为坚持和发展中国特色社会主义这篇大文章浓墨重彩地写下了精彩篇章。《决议》用"十个明确"全新概括了习近平新时代中国特色社会主义思想的核心内容，深刻回答了新时代坚持和发展什么样的中国特色社会主义、怎样坚持和发展中国特色社会主义这一重大时代课题，实现了对中国特色社会主义建设规律认识的新跃升；深刻回答了建设什么样的社会主义现代化强国、怎样建设社会主义现代化强国这一重大时代课题，进一步指明了中国式现代化道路的新图景；深刻回答了建设什么样的长期执政的马克思主义政党、怎样建设长期执政的马克思主义政党这一重大时代课题，开辟了管党治党、兴党强党的新境界。德国诗人海涅曾形象地说："思想走在行动之前，就像闪电走在雷鸣之前一样。"在新征程上，坚持和发展中国特色社会主义，最根本的就是要以习近平新时代中国特色社会主义思想为理论指针和行动指南，更好地以之武装头脑、指导实践、推动工作。

坚持党的全面领导是坚持和发展中国特色社会主义的必由之路。党的十八大以来，以习近平同志为核心的党中央旗帜鲜明地提出，党的领导是党和国家的根本所在、命脉所在，是全国各族人民的利益所系、命运所系，全党必须自觉在思想上政治上行动上同党中央保持高度一致，提高科学执政、民主执政、依法执政水平，提高把方向、谋大局、定政策、促改革的能力，确保充分发挥党总揽全局、协调各方的领导核心作用。经过持续努力，党中央权威和集中统一领导得到有力保证，党的领导制度体系不断完善，党的领导方式更加科学，全党思想上更加统一、政治上更加团结、行动上更加一致，党的政治领导力、思想引领力、群众组织力、社会号召力显著增强。新时代党和国家事业取得历史性成就、发生历史性变革，不仅充分彰显了中国特色社会主义的强大生机活力，也充分昭示了坚持党的全面领导是事关党和国家前途命运的重大问题，是坚持和发展中国特色社会主义的必由之路。

大风泱泱，大潮滂滂。面对国际形势继续发生深刻复杂变化、世界进入新的动荡变革期、世界百年变局和世纪疫情相互交织、经济全球化遭遇逆流、大国博弈日趋激烈、国内改革发展稳定任务艰巨繁重等各种可以预料和难以预料的风险挑战，只要坚定不移坚持党的全面领导、维护党中央权威和集中统一领导，增强"四个意识"、坚定"四个自信"、做到"两个维护"，在中国特色社会主义道路上踔厉风发、笃行不怠，我们就一定能筑牢信仰之基、补足精神之钙、把稳思想之舵，不断赢得优势、赢得主动、赢得未来，继续书写好坚持和发展中国特色社会主义这篇大文章。

第二节　党的领导是最本质特征的内在逻辑

本质是指事物本身固有的内部联系与根本属性，决定事物性质和发展趋向。特征则是指一个事物体现为自己区别于其他事物的特点，最本质特征是指事物众多特征中最为内在、最为根本、最能够体现事物内在根本属性的外在表现。中国特色社会主义有很多特点和特征，集中反映在道路、理论、制度、文化各个方面，体现在"五位一体"总体布局、"四个全面"战略布局等各个领域，而党的领导是贯穿其中的最本质特征，其他特点和特征都在党的领导下发挥作用、彰显优势。

一、 成为最本质特征的内在根据

（一） 由科学社会主义的理论逻辑所决定

坚持共产党领导是科学社会主义的基本原则。马克思、恩格斯在《共产党宣言》等著作中阐述了这一原则，即社会主义代替资本主义必须通过无产阶级革命运动来实现，无产阶级只有通过建立代表自己阶级利益的先进政党，才能作为一个阶级来行动，才能完成阶级解放和人类解放的历史使命。世界社会主义运动正反两方面的实践经验无可辩驳地证明，无产阶级政党领导是科学社会主义的实现条件，没有无产阶级政党的领导，就没有社会主义运动，就没有社会主义事业的不断巩固和发展。

坚持共产党领导是科学社会主义最显著的标志。世界上标榜自己搞的是社会主义的政党和国家不少，但真正遵循马克思主义、搞科学社会主义的政党和国家却不多。这其中的关键就在于是否坚持共产党领导，这是区分科学社会主义与形形色色的社会主义的试金石。中国特色社会主义是科学社会主义理论逻辑和中国社会发展历史逻辑的辩证统一，是根植于中国大地、反映中国人民意愿、适应中国和时代发展进步要求的科学社会主义。党的十八大以来，习近平总书记一再强调指出："中国特色社会主义是社会主义而不是其他什么主义，科学社会主义基本原则不能丢，丢了就不是社会主义。"这就决定了中国共产党领导作为中国特色社会主义最本质的特征，与中国特色社会主义是密不可分的统一体。

（二）由中国特色社会主义产生与发展的历史逻辑所决定

中国特色社会主义作为党的百年奋斗取得的根本成就，是由道路、理论、制度、文化构成的恢宏事业。正是在党的领导下，我们才成功开辟了中国特色社会主义道路，形成了中国特色社会主义理论体系和习近平新时代中国特色社会主义思想，建立了中国特色社会主义制度，发展了中国特色社会主义文化。

中国特色社会主义道路是在中国共产党领导下开辟出来的。新中国成立后，以毛泽东同志为核心的党的第一代中央领导集体，团结带领人民艰辛探索适合中国特点的社会主义建设道路，取得了重要成就，为开创中国特色社会主义提供了宝贵经验、理论准备、物质基础。改革开放以来，党团结带领人民立足中国实际，在深刻总结国内外社会主义建设历史经验的基础上，一以贯之地接力探索，成功开辟出了既坚持社会主义基本原则又符合中国实际的发展道路。正是沿着这样一条道路，当代中国取得了举世瞩目的成就，创造了经济快速发展的奇迹，从一穷二白发展成为世界第二大经济体；创造了社会长期稳定的奇迹，中国社会在现代化的急剧变革中保持和谐稳定，中国人民安居乐业，中国成为世界上最有安全感的国家之一，中国人民的面貌、社会主义中国的面貌、中国共产党的面貌都发生了深刻变化；创造了人民生活水平显著提高的奇迹，中国人民从温饱不足到全面小康，历史性地消除了绝对贫困，正朝着共同富裕的目标稳步前进；创造了不断为世界做出重大贡献的奇迹，中国从落后时代到赶上时代、从赶上时代到引领时代，成为世界和平的建设者、全球发展的贡献者、国际秩序的维护者、公共产品的提供者。反观国际社会，在冷战结束后，由于没有坚强有力的政党领导，不少发展中国家无法走出自己的发展道路，被迫采纳了西方模式，结果党争纷起、经济衰退、社会动荡、人民流离失所，至今都难以稳定下来，国家的经济水平倒退几十年，掉进了"中等收入陷阱"或"亨廷顿陷阱"。这充分说明，只有在中国共产党领导下，才能开辟中国特色社会主义这一充满生机活力的强国富民之路，向世界展示马克思主义蓬勃的生命力。

中国特色社会主义理论体系和习近平新时代中国特色社会主义思想是在党的领导下形成和创立的。在改革开放和社会主义现代化建设新时期，党坚持以理论创新引领事业发展，不断推动马克思主义同中国实际和时代特征相结合，从新的实践和时代特征出发坚持和发展马克思主义，科学回答了建设中国特色社会主义的发展道路、发展阶段、根本任务、发展动力、发展战略、政治保证、祖国统一、外交和国际战略、领导力量和依靠力量等一系列基本问题，形成了中国特色社会主义理论体系。在中国特色社会主义新时代，以习近平同志为主要代表的中国共产党人，坚持把马克思主义基本原理同中国具体实际相结合、同中华优秀传统文化相结合，坚持毛泽东思想、邓小平理论、"三个代表"重要思想、科学发展观，深刻总结并充分运用党成立以来的历史经验，从新的实际出发，创立了习近平新时代中国特色社会主义思想。可以说，中国特色社会主义理论体系和习近平新时代中国特色社会主义思想，是中国共产党坚持把马克思主义与当代中国实际和时代特征相结合，集中全党全国人民的智慧，经过艰辛探索形成的。

中国特色社会主义制度是在党的领导下确立和发展起来的。新中国成立后，党团结带领人民确立了社会主义基本制度，奠定了中国特色社会主义制度的根基。在改革开放和社会主义现代化建设新时期，党在领导人民进行经济建设、政治建设、文化建设、社会建设的同时，坚决推进经济、政治、文化、社会等各领域体制改革，推进党的建设制度改革，着力形成一整套更加成熟、更加定型的制度，不断构建和发展符合当代中国国情、充满生机活力的体制机制，实现了从高度集中的计划经济体制到充满活力的社会主义市场经济体制、从封闭半封闭到全方位开放的历史性转变。党的十八大以来，以习近平同志为核心的党中央把制度建设摆到更加突出的位置，在推进全面深化改革的历史进程中，推动中国特色社会主义制度更加成熟更加定型，形成了包括根本领导制度、根本政治制度、根本指导思想制度和基本政治制度、基本经济制度以及一系列重要制度在内的制度体系，制定了"分三步"坚持和完善中国特色社会主义制度，推进国家治理体系和治理能力现代化的总体目标，即到我们党成立100年时，在各方面制度更加成熟更加定型上取得明显成效；到2035年，各方面制度更加完善，基本实现国家治理体系和治理能力现代化；到新中国成立100年时，全面实现国家治理体系和治理能力现代化，使中国特色社会主义制度更加巩固、优越性充分展现。中国特色社会主义制度是中国共产党以马克思主义为指导，紧密结合中国实际，进行不懈奋斗形成的先进制度。正是在党的坚强而又正确的领导下，中国特色社会主义制度才得以确立和发展起来，并日渐迸发出强大的生命力。

中国特色社会主义文化是在党的领导下生长壮大起来的。党在领导人民进行长期革命、建设和改革的伟大实践中，坚持和发展社会主义先进文化，融入革命文化的要求，创造性转化、创新性发展了优秀传统文化，走出了一条以马克思主义为指导，以共产主义远大理想和中国特色社会主义共同理想为精神引领，以更好地构筑中国精神、中国价值、中国力量，为人民提供精神指引为根本使命，以坚持为人民服务、为社会主义服务为根本方向，以坚持"百花齐放、百家争鸣"为指导方针，坚守中华文化立场，立足当代中国现实，结合当今时代条件，发展面向现代化、面向世界、面向未来的，民族的科学的大众的社会主义文化，推动社会主义精神文明和物质文明协调发展的文化建设道路，使中国特色社会主义文化蓬蓬勃勃地生长壮大，为中国革命、建设和改革提供了丰厚的思想资源和扎实的理论支撑，成为坚持与发展中国特色社会主义的强大精神力量。党的十八大以来，以习近平同志为核心的党中央把中国特色社会主义文化建设提升到一个新的历史高度，把文化自信和道路自信、理论自信、制度自信并列为中国特色社会主义"四个自信"，把坚持马克思主义在意识形态领域指导地位的制度确立为中国特色社会主义制度体系的一项根本制度，把坚持社会主义核心价值体系纳入新时代坚持和发展中国特色社会主义的基本方略，以高度的文化自信、文化自觉与文化担当，激发全民族文化创新创造活力，铸造中国精神、满足精神需求、促进文明互鉴，丰富和发展了中国特色社会主义文化，在新的历史起点上推进了文化强国建设。可以说，正是在党的领导下，我们才始终走在中国特色社会主义文化建设发展的正确道路上，不断铸就中华文化新辉煌。

党的百年奋斗历史充分证明，没有党的卓越领导与艰辛探索，既不可能有持续的理论创新，也不可能有不断的实践进步，中华民族就无法实现从站起来、富起来到强起来的历史性飞跃，中国特色社会主义就无法迎来从创立、发展到完善的伟大飞跃。

（三）党的领导直接关系中国特色社会主义的性质和发展方向

党的领导决定中国特色社会主义的性质。习近平总书记旗帜鲜明地指出："中国特色社会主义，既坚持了科学社会主义基本原则，又根据时代条件赋予其鲜明的中国特色。这就是说，中国特色社会主义是社会主义，不是别的什么主义。"[1] 中国特色社会主义坚持了科学社会主义基本原则，是植根中国大地、反映中国人民意愿、适应中国和时代发展要求的科学社会主义。马克思、恩格斯曾对未来社会主义社会的发展过程、发展方向、一般特征做过科学预测和设想，认为社会主义社会和资本主义社会具有决定性意义的区别主要包括：在生产资料公有制基础上组织生产，满足全体社会成员的需要是社会主义生产的根本目的；对社会生产进行有计划的指导和调节，实行等量劳动领取等量产品的按劳分配原则；合乎自然规律地改造和利用自然；无产阶级革命是无产阶级进行斗争的最高形式，必须由无产阶级政党领导，以建立无产阶级专政的国家为目的；通过无产阶级专政和社会主义高度发展最终实现向消灭阶级、消灭剥削、实现人的全面而自由发展的共产主义社会的过渡等。这些构成了科学社会主义基本原则，其中，由无产阶级政党领导是科学社会主义的一条基本原则。列宁在十

---

[1] 中共中央文献研究室：《十八大以来重要文献选编》上，中央文献出版社 2014 年版，第 109 页。

月革命后通过对社会主义实践的思考，提出了大力发展生产力、发扬民主、坚持党的领导、开展文化建设等构想，进一步丰富了对科学社会主义基本原则的认识。党在领导人民开创、坚持、发展中国特色社会主义过程中，将科学社会主义基本原则作为中国特色社会主义的"根"和"源"，始终坚持这些基本原则，赓续了科学社会主义基因血脉。如在领导制度上，提出党是最高政治领导力量，强调要加强党的全面领导；在国体和政体上，实行人民民主专政和人民代表大会制度；在经济制度上，坚持公有制为主体、多种所有制经济共同发展，坚持按劳分配为主体、多种分配方式并存，实行社会主义市场经济体制；在意识形态上，坚持马克思主义在意识形态领域指导地位的根本制度，培育和践行社会主义核心价值观；在根本立场上，坚持以人民为中心，不断促进人的全面发展，实现全体人民共同富裕；等等。因此，中国特色社会主义不仅没有背离科学社会主义，而且恰恰是在坚持科学社会主义基本原则同中国具体实际、历史文化传统、时代要求相结合的过程中，得以丰富和发展，是科学社会主义在当代中国奏出的华彩乐章。在当代中国，坚持和发展中国特色社会主义，就是真正坚持和发展科学社会主义。进入新时代，以习近平同志为核心的党中央团结带领全党全国各族人民推动中国特色社会主义事业取得举世瞩目的伟大成就，在世界上高高举起了科学社会主义伟大旗帜，使科学社会主义焕发出强大生机活力。

习近平总书记指出："一定要认清，中国最大的国情就是中国共产党的领导。什么是中国特色？这就是中国特色。"① 中国共产党作为

---

① 习近平：《中国共产党领导是中国特色社会主义最本质的特征》，《求是》2020 年第 14 期，第 5 页。

中国特色社会主义事业的领导核心，不仅是这一伟大事业的设计者、开创者，而且是这一伟大事业的引领者、推动者，是中国特色社会主义永不变色、永不变质的根本保证。"没有中国共产党，哪有社会主义中国？哪有中国特色社会主义？哪有中华民族伟大复兴？"因此，从根本上说，决定中国特色社会主义性质的，正是中国共产党的领导。

党的领导保障中国特色社会主义的发展方向。中国共产党领导与中国特色社会主义是有机统一、相辅相成、不可分割的统一体。党是中国特色社会主义道路的开辟者，是中国特色社会主义制度的确立和发展者，是中国特色社会主义理论体系和习近平新时代中国特色社会主义思想的创建者，是中国特色社会主义文化的坚守者，是中国特色社会主义事业发展进步的坚强领导力量和根本政治支撑，从根本上保证着中国特色社会主义不变色、不变质。没有党的卓越领导，不可能有持续的理论创新，不可能有不断的实践进步，中国特色社会主义既不会开创，更谈不上发展。如果弱化、放弃党的领导，中国特色社会主义性质就会改变，中国人民接续奋斗取得的伟大成就也会毁于一旦。习近平总书记在庆祝改革开放40周年大会上的讲话中指出："正是因为始终坚持党的集中统一领导，我们才能实现伟大历史转折、开启改革开放新时期和中华民族伟大复兴新征程，才能成功应对一系列重大风险挑战、克服无数艰难险阻，才能有力应变局、平风波、战洪水、防非典、抗地震、化危机，才能既不走封闭僵化的老路也不走改旗易帜的邪路，而是坚定不移走中国特色社会主义道路。"①

---

① 习近平：《在庆祝改革开放40周年大会上的讲话》，人民出版社2018年版，第22页。

苏联解体、苏共垮台的重要原因在于背离了科学社会主义基本原则，放弃了苏共的领导；而中国的成功则在于坚持科学社会主义发展方向，将党的领导作为制胜法宝。在中国特色社会主义新时代，我们更需要用好用足党的领导这个法宝，使中国共产党作为中国特色社会主义最鲜明的标识而更加耀眼夺目。

二、 归根到底是因为中国共产党能

《决议》深刻概括了党的百年奋斗的历史意义，其中最为关键的是党的百年奋斗锻造了走在时代前列的中国共产党。中国共产党团结带领人民百年接续奋斗，实现了中华民族从站起来、富起来到强起来的伟大飞跃，创造了中华民族发展史和人类文明发展史上的伟大奇迹。这充分彰显了中国共产党能，充分说明了党是从根本上改变中国人民前途命运的领导力量，是开辟实现中华民族伟大复兴正确道路的主导力量，是展示马克思主义强大生命力的主体力量，是深刻影响世界历史进程的推动力量。中国共产党领导之所以能够成为中国特色社会主义最本质的特征，归根到底是因为中国共产党能。

（一）有科学理论指导

习近平总书记在庆祝中国共产党成立100周年大会上的重要讲话中指出："中国共产党为什么能，中国特色社会主义为什么好，归根到底是因为马克思主义行！"党的二十大报告进一步指出："实践告诉我们，中国共产党为什么能，中国特色社会主义为什么好，归根到底是马克思主义行，是中国化时代化的马克思主义行。"① 中国共产党始终把马克思主义视为党的灵魂和旗帜，作为立党立国、兴党强国的根本指导思想，坚持用马克思主义的立场、观点、方法观察时代、把握时代、引领时代，团结带领人民完成了近代以来其他各种政治力量都不可能完成的艰巨任务，使具有500多年历史的社会主义主张在世界上人口最多的国家成功开辟出具有高度现实性和可行性的正确道路，让科学社会主义在21世纪焕发出新的蓬勃生机。

马克思主义使党成为用科学理论武装起来的先进政党。指导思想是一个政党的精神旗帜，以什么作为指导思想，直接决定着这个政党的性质、宗旨和使命。没有先进理论作为指导思想，不可能形成坚强的革命政党。马克思主义是关于无产阶级和人类解放的科学理论，正是这种先进科学的理论，赋予了党强大的先进性。党始终坚持中国工人阶级先锋队、中国人民和中华民族先锋队的性质，坚持全心全意为人民服务的宗旨，坚定马克思主义信仰、共产主义远大理想和中国特色社会主义共同理想，站稳人民立场，坚守为中国人民谋幸福、为中华民族谋复兴的初心使命，勇于自我革命，保持理论联系实际、密切联系群众、批评与自我批评的优良作风，在生死斗争和艰苦奋斗中经受住各种风险考验、付出巨大牺牲，锤炼出不畏强敌、不怕牺牲、英勇斗争、敢于胜利的精神风骨，保持了党的先进性和纯洁性。党之所以能够完成近代以来各种政治力量不可能完成的艰巨任务，就在于始终把马克思主义作为自己的指导思想，成为走在时代前列的先进政党。

---

① 习近平：《高举中国特色社会主义伟大旗帜　为全面建设社会主义现代化国家而团结奋斗——在中国共产党第二十次全国代表大会上的报告》，人民出版社2022年版，第16页。

马克思主义使党拥有了科学的世界观和方法论。拥有什么样的世界观和方法论，决定着这个政党认识世界和改造世界的理论视野和思想方法，决定着这个政党的执政能力和水平。恩格斯指出："我们党有个很大的优点，就是有一个新的科学的世界观作为理论的基础。"①马克思主义创造性地揭示了人类社会发展规律，是科学的世界观和方法论，为我们认识世界、改造世界提供了强大思想武器，为世界社会主义指明了正确前进方向。"这一理论犹如壮丽的日出，照亮了人类探索历史规律和寻求自身解放的道路。"党自成立之日起，就高度重视在思想上建党，其中十分重要的一条就是坚持用马克思主义理论教育和武装全党，灵活地运用马克思主义世界观和方法论去认识问题、分析问题和解决问题，不断在实践中实现马克思主义的中国化、时代化和大众化。在我国各个历史时期，党运用马克思主义世界观，系统、具体、历史地分析中国社会运动及其发展规律，在认识世界和改造世界的过程中不断把握规律、积极运用规律，推动党和人民事业取得了一个又一个胜利。正是在马克思主义的科学世界观和方法论的指导下，党以全新的视野深化了对规律的认识，尤其是对共产党执政规律、社会主义建设规律和人类发展规律的认识，探索总结出了中国革命、建设、改革的正确道路，我们党也发展成为更加成熟的无产阶级政党。

马克思主义为党提供了强大的精神动力。一个政党是否具有强大的精神动力，是关系一个政党成败的重要因素。党是用马克思主义武装起来的政党，马克思主义是共产党人的"真经"，有了这种"真

---

① 中共中央马克思恩格斯列宁斯大林著作编译局：《马克思恩格斯文集》第 2 卷，人民出版社 2009 年版，第 599 页。

经"，共产党人的心中就充满了崇高的信仰——共产主义。马克思主义为人类求解放的崇高精神和实现共产主义的伟大理想，为中国共产党提供了强大的精神动力。对马克思主义的坚定信仰，熔铸出中国共产党人的伟大精神脊梁，塑造出中国共产党人的坚强政治灵魂，形成了中国共产党人经受任何考验、战胜一切困难、从胜利走向胜利的精神支柱，使中国共产党人拥有了改天换地的、摧枯拉朽的力量。邓小平同志讲："对马克思主义的信仰，是中国革命胜利的一种精神动力。"① "如果我们不是马克思主义者，没有对马克思主义的充分信仰，或者不是把马克思主义同中国自己的实际相结合，走自己的道路，中国革命就搞不成功。"② 2015 年 9 月 11 日，习近平总书记在主持中央政治局第二十六次集体学习时指出："我们共产党人的根本，就是对马克思主义的信仰，对共产主义和社会主义的信念，对党和人民的忠诚。立根固本，就是要坚定这份信仰、坚定这份信念、坚定这份忠诚，只有在立根固本上下足了功夫，才会有强大的免疫力和抵抗力。"2016 年 7 月 1 日，他在庆祝中国共产党成立 95 周年大会上的讲话中指出："革命理想高于天。中国共产党之所以叫共产党，就是因为从成立之日起我们党就把共产主义确立为远大理想。我们党之所以能够经受一次次挫折而又一次次奋起，归根到底是因为我们党有远大理想和崇高追求。"③

　　回望百年奋斗历程，党正是在对马克思主义坚定信仰的精神支撑下，用马克思主义信仰把中华民族空前组织起来，用共产主义信念把

---

① 邓小平：《邓小平文选》第 3 卷，人民出版社 1993 年版，第 63 页。
② 邓小平：《邓小平文选》第 3 卷，人民出版社 1993 年版，第 63 页。
③ 习近平：《在庆祝中国共产党成立 95 周年大会上的讲话》，人民出版社 2016 版，第 10 页。

中国人民凝聚团结起来，熔铸成打不烂、摧不垮的钢铁意志，汇聚出攻无不克、战无不胜的磅礴中国力量，取得了一个又一个的伟大胜利。

（二）有卓越的领导能力

百年来，党从成立时的 50 多名党员，发展为有 9600 多万名党员、领导着 14 亿多人口的大国、具有重大全球影响力的世界第一大执政党，领导人民创造了世所罕见的伟大成就，成为世界政党发展史上的奇迹。成功的奥秘在哪里？就在于党有卓越的领导能力。党在百年奋斗中砥砺磨炼，增强了以政治领导力、思想引领力、群众组织力、社会号召力为核心的强大领导力。

卓越的政治领导力。政治领导力是政党领导力的重要要素，是由政党的性质、宗旨、目标和行为等因素构成的，体现为政党的胜任力、执行力和影响力，显示着政党建设和政治能力运作的实际状态和效果。政治领导力意味着要把准政治方向、坚持党的政治领导、夯实政治根基、涵养政治生态、防范政治风险、永葆政治本色、提高政治能力等。在为中国人民谋幸福、为中华民族谋复兴，领导和推进中国特色社会主义事业的百年奋斗中，党始终注重强化党的根本性建设——政治建设，铸就了党统领一切的政治领导力。特别是党的十八大以来，中国共产党把党的政治建设摆在首位并发挥统领作用，把保证全党服从中央、维护党中央权威和集中统一领导作为党的政治建设的首要任务，取得了全面从严治党的显著成就，铸就了党在新时代坚强的政治领导力。

卓越的思想引领力。思想引领力是用先进的思想、科学的理论引领方向的积极向上的力量，是一种内在的凝聚力。列宁指出，"没有革命的理论，就不会有革命的运动"[①]。一个真正的马克思主义政党，只有不断增强思想引领力，才能使马克思主义理论的思想伟力充分迸发，真正使党更加适应实践、时代、人民的要求。在百年奋斗中，党始终高举马克思主义伟大旗帜，坚持用马克思主义中国化最新理论成果武装全党，坚持发挥党员干部的先锋模范作用，不断在解放思想中统一思想，真正凝聚起了全党全国各族人民万众一心的磅礴力量。正是由于我们党始终重视增强思想引领力，才确保了全党思想上高度统一、政治上清醒坚定、行动上坚决有力，才确保了全国各族人民与党同心同德、同向同行，并在党的团结带领下共同创造了令世界刮目相看的中国奇迹。

卓越的群众组织力。党的群众组织力是指中国共产党发动组织群众、团结带领群众完成党和人民的伟大历史任务的核心能力。马克思、恩格斯早在《共产党宣言》中就鲜明地指出："无产者组织成为阶级，从而组织成为政党这件事，不断地由于工人的自相竞争而受到破坏。但是，这种组织总是重新产生，并且一次比一次更强大、更坚固、更有力。"[②] 这就是说，是否具有强大的无产阶级群众组织力是检验真假无产阶级政党的天然标准。强大的群众组织力是党百年辉煌的制胜法宝。习近平总书记指出："历史和现实都告诉我们，密切联系群众，是党的性质和宗旨的体现，是中国共产党区别于其他政党的显著标志，也是党发展壮大的重要原因；能否保持党同人民群众的血肉

---

① 中共中央马克思恩格斯列宁斯大林著作编译局：《列宁选集》第1卷，人民出版社1995年版，第311页。

② 马克思、恩格斯：《共产党宣言》，人民出版社2018年版，第37页。

联系，决定着党的事业的成败。"① 在百年奋斗中，中国共产党之所以能在恶劣的条件下生存下来、发展起来、壮大起来并不断从胜利走向胜利，创造出令世界惊羡的中国奇迹，最根本的一条经验就是党始终坚信"人民群众是我们力量的源泉"，始终扎根于人民之中，在领导人民、组织人民进行革命、建设、改革的伟大征程中使"人民经受锻炼"。

卓越的社会号召力。党的社会号召力集中体现为中国共产党将各个社会群体和各种社会力量，围绕着共同的价值理念、政治目标和社会愿景团结起来并付诸行动的能力，主要包括宣传发动力、社会响应力、群体凝聚力、跨界协同力等。世界各国政党的发展历程以及兴衰表明，政党只有持续进行社会号召力建设，才能不断赢得群众对政党的价值理念、使命任务、执政纲领、政党形象等的认知、认同、信任和拥护，也才能稳固执政根基，实现执政目标。反之，就会失去民众的支持，失去领导社会的力量，并最终失去执政地位。在我国各个历史时期，中国共产党都善于建设、巩固和发展党的号召力。尤其是党的十八大以来，我们党用中华民族伟大复兴中国梦，找到了中国人民的最大公约数，画出了中国人民的最大同心圆，得到了最广大人民群众的广泛认同，凝聚起了实现中华民族伟大复兴中国梦的磅礴伟力，极大地增强了党的社会号召力。

（三）有坚强的领导核心

是否有坚强的领导核心是关乎党和国家前途命运、党和人民事业

---

① 习近平：《习近平谈治国理政》第 1 卷，外文出版社 2018 年版，第 366—367 页。

成败的根本性问题。对于一个国家、一个政党来说，领导核心至关重要。我们知道，唯物史观强调人民群众在创造历史中的决定作用的同时，明确承认和充分肯定领袖人物作为人民群众的杰出代表，在推动社会变革、历史发展和文明进步中具有开创性和引领性作用。历史反复表明，马克思主义政党如果没有自己的领袖、自己的核心，没有党的领导权威，就无法领导社会主义事业取得胜利。对此，马克思曾经形象地指出："一个单独的提琴手是自己指挥自己，一个乐队就需要一个乐队指挥。"① 他在《1848 年至 1850 年的法兰西阶级斗争》中指出："每一个社会时代都需要有自己的大人物，如果没有这样的人物，它就要把他们创造出来。"② 恩格斯强调，"没有权威，就不可能有任何的一致行动"③，并形象比喻道：最清楚地说明需要权威的，"要算是在汪洋大海上航行的船了。那里，在危急关头，大家的生命能否得救，就要看所有的人能否立即绝对服从一个人的意志"④。列宁指出，"历史上，任何一个阶级，如果不推举出自己的善于组织运动和领导运动的政治领袖和先进代表，就不可能取得统治地位"⑤，强调"造就一批有经验、有极高威望的党的领袖是一件长期的艰难的事情。但是做不到这一点，无产阶级专政、无产阶级的'意志统一'就只能是

---

① 中共中央马克思恩格斯列宁斯大林著作编译局：《资本论》第 1 卷，人民出版社 1975 年版，第 367 页。
② 中共中央马克思恩格斯列宁斯大林著作编译局：《马克思恩格斯全集》第 1 卷，人民出版社 2012 年版，第 502 页。
③ 中共中央马克思恩格斯列宁斯大林著作编译局：《马克思恩格斯文集》第 10 卷，人民出版社 2009 年版，第 372 页。
④ 中共中央马克思恩格斯列宁斯大林著作编译局：《马克思恩格斯全集》第 3 卷，人民出版社 2012 年版，第 276 页。
⑤ 中共中央马克思恩格斯列宁斯大林著作编译局：《列宁选集》第 1 卷，人民出版社 1995 年版，第 286 页。

一句空话"①。

党的百年奋斗历程给我们的一个重要启示就是，确立党的领导核心并维护核心的权威是我们党增进团结、凝聚力量、克难制胜的宝贵经验。什么时候我们有了自己的坚强领导核心，什么时候我们的事业就从胜利不断走向胜利。反之，党的事业就会遭受严重损失，甚至失败。从1921年党的成立到1935年遵义会议前，都没有形成过成熟的、有能力的党中央和领导核心，党的事业几经挫折，甚至面临失败的危险。遵义会议之所以成为生死攸关的转折点，就在于它结束了党在早期由于没有形成稳定成熟的领导核心而导致革命屡屡失败的局面，在实际上确立了以毛泽东同志为主要代表的马克思主义正确路线在党中央和红军中的领导地位，开始形成以毛泽东同志为核心的党的第一代中央领导集体，形成了坚强的领导核心，在最危急关头挽救了党、挽救了红军、挽救了中国革命。

党的十八大以来，以习近平同志为核心的党中央引领中华民族迈向伟大复兴，展现了习近平总书记作为马克思主义政治家的恢宏气魄、远见卓识、雄韬伟略和作为大党大国领袖的政治智慧、战略定力、使命担当、领导艺术。新时代党和国家事业取得历史性成就、发生历史性变革，最根本的原因在于有习近平总书记作为党中央的核心、全党的核心的掌舵领航、英明决策、科学指引。《决议》庄重宣示："党确立习近平同志党中央的核心、全党的核心地位，确立习近平新时代中国特色社会主义思想的指导地位，反映了全党全军全国各族人民共同心愿，对新时代党和国家事业发展、对推进中华民族伟大

---

① 中共中央马克思恩格斯列宁斯大林著作编译局：《列宁专题文集：论无产阶级政党》，人民出版社2009年版，第344页。

复兴历史进程具有决定性意义。"① "中国号"巨轮有了习近平总书记领航掌舵，全党就有定盘星，全国人民就有主心骨，即便面对惊涛骇浪和各种风险挑战，也能够从容应对。

从这一意义上说，中国共产党领导是中国特色社会主义最本质的特征，一个极为重要的内涵就是强调党的领导核心对于中国特色社会主义的决定性意义。正是因为有坚强有力的领导核心，党的领导才能够成为中国特色社会主义不可或缺的最本质的特征。

① 《中共中央关于党的百年奋斗重大成就和历史经验的决议》，人民出版社 2021 年版，第 26 页。

第三章

中国特色社会主义制度的最大优势

中国特色社会主义制度是由根本制度、基本制度和重要制度构成的严密完整的科学制度体系，是党带领人民经过长期奋斗积累和创造的成果，具有多方面的显著优势。其中，中国共产党领导是中国特色社会主义制度的最大优势，决定着各方面制度优势的存在、彰显和不断发展。习近平总书记在庆祝中国共产党成立95周年大会上明确指出："中国特色社会主义最本质的特征是中国共产党领导，中国特色社会主义制度的最大优势是中国共产党领导。"[1]中国共产党领导是中国特色社会主义制度的最大优势这一重大论断，深刻揭示了党的领导与中国特色社会主义之间的内在逻辑和互动规律，抓住了党在过去百年为什么能成功、在实现第二个百年奋斗目标新征程上怎么能继续成功的关键。

---

[1]习近平：《在庆祝中国共产党成立95周年大会上的讲话》，人民出版社2016年版，第22页。

第一节　党的领导是最大优势的丰富内涵

中国共产党领导是中国特色社会主义制度的最大优势，科学地揭示了中国共产党和中国特色社会主义制度之间的内在统一性，即中国共产党是以"党"建国，以"党"建"制"，"党"是"制"的来源、前提和基础，在"制"的确立、发展和完善中起着决定性的作用。

一、　当代中国发展进步的根本制度保障

中国共产党团结带领人民立足中国国情、顺应时代潮流，在社会主义建设的艰辛探索中形成的中国特色社会主义制度，将中国特色社会主义从实践层面上升到制度层面，使中国特色社会主义道路定型化，成就了当代中国的巨大进步与发展。正如习近平总书记在庆祝中国共产党成立 95 周年大会上所说："中国特色社会主义制度是当代中国发展进步的根本制度保障，是具有鲜明中国特色、明显制度优势、强大自我完善能力的先进制度。"[①]

中国特色社会主义制度是党和人民在长期实践探索中形成的。自 1840 年鸦片战争以来，为了救亡图存而采取的各种主义、选择的各样

---

① 习近平：《在庆祝中国共产党成立 95 周年大会上的讲话》，人民出版社 2016 年版，第 13 页。

方案，都没能够解决当时中国的现实问题，都以失败而告终。1917 年
俄国十月革命胜利后，中国早期的共产党人在比较了各种各样的主义
后，最终选择了社会主义。经过 28 年浴血奋战，党领导人民取得了
新民主主义革命的胜利，建立了新中国，确定了新中国人民民主专政
的国体、人民代表大会制度的政体、单一国家中的民族区域自治制度
的国家结构形式、党领导的多党合作和政治协商制度的政党制度，成
为中华民族实现站起来的重要标志和制度支撑。1949 年至 1956 年，
在国民经济恢复的基础上，我们党创造性地开展生产资料私有制的社
会主义改造，完成了社会主义革命，消灭了剥削制度和剥削阶级，确
立了社会主义基本制度，为当代中国一切发展进步奠定了根本政治前
提和制度基础。因此，选择用社会主义制度来发展中国是历史发展的
必然，也是中国人民的必然选择。党的十一届三中全会以来，我们党
团结带领人民开启了改革开放的伟大革命，成功开创、坚持和发展了
中国特色社会主义。中国特色社会主义体现在制度上，就是确立中国
特色社会主义制度，巩固发展我国的国体、政体和基本政治制度、基
本经济制度以及各方面重要制度，健全中国特色社会主义法律体系，
为中华民族实现富起来提供了根本制度保障。党的十八大以来，以习
近平同志为核心的党中央把制度建设摆到更加突出的位置，统筹推进
"五位一体"总体布局、协调推进"四个全面"战略布局，推动中国
特色社会主义制度更加成熟定型。党的十八届三中全会提出"推进国
家治理体系和治理能力现代化"的重大命题，把"完善和发展中国特
色社会主义制度、推进国家治理体系和治理能力现代化"确定为全面
深化改革的总目标。党的十九届四中全会更加清晰地勾勒出新时代全
面深化改革的路线图，全面回答了我国国家制度和国家治理应该"坚

持和巩固什么，完善和发展什么"这个重大问题。

中国特色社会主义制度是在中国社会土壤中生长起来的。习近平总书记指出："一个国家选择什么样的国家制度和国家治理体系，是由这个国家的历史文化、社会性质、经济发展水平决定的。"① 新中国成立后，我们党创造性运用马克思主义国家学说，坚持把科学社会主义基本原则同我国具体实际、历史文化传统、时代要求紧密结合起来，逐步确立和发展了中国特色社会主义制度，并在创造世所罕见的"两大奇迹"中，展示了中国特色社会主义制度的强大生命力和巨大优越性。中国特色社会主义制度深深植根于中国大地、内生性演变的发展历程充分证明，它不是简单套用马克思主义经典作家设想的"模板"，不是延续中国传统国家制度的"母版"，不是其他国家社会主义实践的"再版"，更不是西方国家制度的"翻版"，而是符合中国国情、体现国家性质、保证人民当家做主、巩固和发展人民民主专政、深得人民拥护的"新版"，是党和人民自己的伟大创造。

中国特色社会主义制度是在渐进改革中不断完善发展的。党的十一届三中全会以来进行的改革开放，就是从根本上革除束缚我国生产力发展的思想观念和体制机制弊端，促进生产关系与生产力、上层建筑与经济基础相协调，推进社会主义制度不断完善和发展。在改革开放整个过程中，我们党把坚定制度自信和改革创新相结合，通过渐进式改革，先易后难，以点带面，不断推进，着力抓好重大制度创新，着力破除各方面体制机制弊端，补齐制度短板，在国家制度建设和治理能力上迈出重大步伐。在渐进改革中完善发展的鲜明特点，使我国

---

① 习近平：《坚持和完善中国特色社会主义制度　推进国家治理体系和治理能力现代化》，《求是》2020年第1期，第2页。

国家制度和治理体系建设既没有走封闭僵化的老路，也没有出现方向性、颠覆性错误，更没有走改旗易帜的邪路，而是在保持稳定性和延续性的同时，不断增强发展性和创新性，推动中国特色社会主义制度日趋成熟定型，制度优势和治理效能不断彰显。

二、 党的领导决定着其他制度优势的发挥

党的十九届四中全会系统阐释了中国特色社会主义制度具有的十三个显著优势，即中国共产党领导的显著优势、人民当家做主的显著优势、全面依法治国的显著优势、集中力量办大事的显著优势、铸牢中华民族共同体意识的显著优势、基本经济制度的显著优势、思想精神紧紧团结在一起的显著优势、走共同富裕道路的显著优势、与时俱进的显著优势、培养造就更多更优秀人才的显著优势、党指挥枪的显著优势、"一国两制"的显著优势以及坚持独立自主和对外开放相统一的显著优势等。从这十三个显著优势的整体结构看，中国共产党领导的显著优势居于首位，并贯穿其他十二个显著优势，是最重要的优势，决定着其他制度优势的发挥。如第二个显著优势是坚持人民当家做主，发展人民民主，密切联系群众，紧紧依靠人民推动国家发展。而历史和现实都充分证明，只有在党的领导下，人民才能真正当家做主，社会主义民主政治才能得到充分发扬，党与人民群众的血肉关系才能无比巩固。再如，第四个显著优势是坚持全国一盘棋，调动各方面积极性，集中力量办大事。显然，只有在党的全面领导下，建立健全党总揽全局、协调各方的领导制度体系，把党的领导落实到国家治理的各个领域、各个方面、各个环节，使各种力量凝聚起来，才能做

到全国一盘棋，集中力量办大事。

中国共产党是中国特色社会主义制度的设计者、推动者和捍卫者。没有党的领导，中国特色社会主义制度的运行就会偏离航向，也会失去最坚定的捍卫力量。因此，党的领导是最大优势，同其他十二个显著优势的关系，是统领作用和具体体现的关系。一方面，党的领导优势是带有统领性的根本优势，并贯穿于其他十二个显著优势中；另一方面，其他十二个显著优势都来自党的领导制度，都离不开党的领导这一根本优势的有力保证。只有坚持党的领导，才能有效协调政治、经济等方面的重大关系，保证社会各方面力量和资源的有效整合，才能充分体现我国国家制度和治理体系的显著优势。

三、 党的领导制度居于统领地位

习近平总书记在十九届中央纪委四次全会讲话中指出：中国特色社会主义制度是一个严密完整的科学体系，居于统领地位的是党的领导制度。党的领导制度是由一系列制度体系构建的。2021 年 7 月发布的《中国共产党党内法规体系》指出："我们党形成了一个比较完善的党内法规体系，并以此为主干形成了一套系统完备的党的制度，这在世界上是独一无二的，彰显出中国共产党作为世界上最大的政党具有的大党的气派、大党的智慧、大党的治理之道。坚持依规治党、加强党内法规制度建设，是'中国之治'的一个独特治理密码，是呈现中国特色社会主义制度优势的一张金色名片，也为世界政党治理贡献了中国智慧和中国方案。"① "截至 2021 年 7 月 1 日，全党现行有效党内法规共 3615 部。其中，党中央制定的中央党内法规 211 部，中央纪律检查委员会以及党中央工作机关制定的部委党内法规 163 部，省、自治区、直辖市党委制定的地方党内法规 3241 部。"② 以这些数量众多的党内法规为脊梁，构建起了党的领导制度体系。

党的领导制度在中国特色社会主义制度体系中居于统领地位。党的领导制度作为我国的根本领导制度，为构筑中国特色社会主义制度体系提供着根本价值引领，是发展和完善中国特色社会主义制度体系的重要遵循，在确保我国国家治理沿着正确方向前进中起着根本作用。如人民代表大会制度是我国的根本政治制度，坚持和完善这一制度，首要的前提就是毫不动摇坚持党的领导。因此，我们必须坚持党的领导制度的统领地位，把党的领导制度作为国家的根本领导制度建设好、完善好。

突出坚持和完善党的领导制度，就抓住了我国国家治理的关键和根本。以党的领导制度为统领的我国国家制度和国家治理体系，是创造和理解"中国奇迹""中国之治"的"制度密钥"。新中国成立 70 多年来，我们之所以能够创造经济快速发展奇迹和社会长期稳定奇迹，关键在于党的领导和党的领导制度的巩固和发展。正是因为始终在党的领导下，集中力量办大事，国家统一有效组织各项事业、开展各项工作，才成功应对一系列重大风险挑战、克服无数艰难险阻，创造了"中国奇迹"，形成了"中国之治"。

---

① 中共中央办公厅法规局：《中国共产党党内法规体系》，《人民日报》2021 年 8 月 4 日。
② 中共中央办公厅法规局：《中国共产党党内法规体系》，《人民日报》2021 年 8 月 4 日。

第二节 党的领导是最大优势的内在逻辑

中国共产党领导是中国特色社会主义制度的最大优势这一重大论断，有着强大的理论逻辑、历史逻辑、现实逻辑。

一、 深刻的理论逻辑

如果用一句话概括党的领导是中国特色社会主义制度的最大优势的理论逻辑，那就是中国共产党将自身优势扩大延伸为中国特色社会主义制度的优势。党将马克思列宁主义与近代中国实际相结合，"走的是政党建立国家、政党治理引领国家治理、执政党兴国济世的崭新道路，创建了不同于当今西方发达国家政治制度体系的新型社会主义制度体系"[①]。党凭借这种绝对主导地位将自身优势扩大延伸为中国特色社会主义制度的优势，这是中国特色社会主义成功的关键所在。

党的理论优势引领中国特色社会主义制度建设。党对理论创新一贯高度重视，形成一以贯之的理论优势。这种理论优势在建构和完善中国特色社会主义制度的过程中发挥了巨大作用。"中国共产党一直非常重视理论创新在推进制度创新中的先导性作用，高度重视作为意识形态核心构成的政治思想理论的创新，在马克思主义中国化的整体

[①] 唐亚林：《从党建国体制到党治国体制再到党兴国体制：中国共产党治国理政新型体制的建构》，《行政论坛》2017 年第 5 期，第 6 页。

进程中较好地解决了马克思主义理论中国化与制度中国化的二维关系。以理论创新推进制度创新是中国共产党进行制度建设的一条基本经验。"①

党的联系群众优势保证了中国特色社会主义制度的执行效率。党的百年奋斗彰显了党不忘初心、牢记使命，始终把全心全意为人民服务作为根本宗旨，"人民立场是中国共产党的根本政治立场，是马克思主义政党区别于其他政党的显著标志。党与人民风雨同舟、生死与共，始终保持血肉联系，是党战胜一切困难和风险的根本保证"②。党代表中国最广大人民根本利益，人民的利益就是党的利益。"中国共产党始终代表最广大人民根本利益，与人民休戚与共、生死相依，没有任何自己特殊的利益，从来不代表任何利益集团、任何权势团体、任何特权阶层的利益。"③ 党的根本宗旨决定了其具备密切联系群众的天然优势，这种天然优势对于中国特色社会主义制度优势的发挥和制度执行的效率至关重要。公正是效率的前提，公正才能保证效率。"正义是社会制度的第一美德，如同真理之为思想的第一美德。"④ 党密切联系群众的天然优势最大限度保障了社会的公平和正义，也就为中国特色社会主义制度优势的发挥和制度执行的高效率提供了保障。

党的组织优势提升了中国特色社会主义制度的执行力。民主集中制是党的根本组织原则，"民主集中制是我们党的根本组织制度和领导制度，它正确规范了党内政治生活、处理党内关系的基本准则，是反映、体现全党同志和全国人民利益与愿望，保证党的路线方针政策

---

① 张艳娥：《中国特色社会主义制度创新研究》，中国社会科学出版社 2016 年版，第 216 页。
② 习近平：《在庆祝中国共产党成立 95 周年大会上的讲话》，人民出版社 2016 年版，第 18 页。
③ 习近平：《在庆祝中国共产党成立 100 周年大会上的讲话》，《人民日报》2021 年 7 月 2 日。
④ ［美］约翰·罗尔斯：《正义论》，中国社会科学出版社 1988 年版，第 3 页。

正确制定和执行的科学的合理的有效率的制度。因此，民主集中制是我们党最大的制度优势"①。党凭借自身领导地位将民主集中制的组织优势扩大延伸至整个国家，民主集中制因此成为以中国特色社会主义制度为"四梁八柱"的整个国家制度体系的核心运行机制，提升了中国特色社会主义制度的执行力，极大提高了各国家机器的运转效率。"在中国经济社会发展的实际运行中，政治制度起最决定性作用的就是民主集中制，它既是政权组织形式的基础，又是党内部的组织原则，也是国家基本制度机构的组织原则，形成了以执政党为核心，将党和国家有效组织起来的基础性制度原则。"②

党的思想政治优势夯实了中国特色社会主义制度的认同基础。思想政治优势是党的传统优势。从建党之初开始，党始终把思想建设放在党的建设的第一位，视思想政治工作为党的工作的生命线，是党的基本经验和优良传统。党用马克思主义科学理论武装全党，教育人民，极大增强了党和人民的"四个自信"，也极大促进了广泛社会共识的形成。党拥有马克思主义的科学世界观和方法论，拥有全心全意为人民服务的根本宗旨，拥有立党为公、执政为民的执政理念，将实现、维护、发展人民根本利益作为一切工作的出发点和落脚点，将群众路线作为党的根本工作路线。这些科学的理论前提保证了党的思想理论能够为人民所接受，党的意志和人民意志实现了高度统一。"而社会政治制度的协调统一和高效运行，也恰恰有赖于这种意志的统一和步调一致。按照马克思主义原理建立起来的中国特色社会主义制度，其各个方面和运行的各个环节都融入了党的宗旨和理念，使这种

① 习近平：《始终坚持和充分发挥党的独特优势》，《求是》2012年第15期，第6页。
② 王鸿铭：《民主集中制：中国经验的基础》，《中国社会科学报》，2016年6月15日。

制度具有了科学的灵魂和坚实的精神支柱，成为制度运行的思想动力，保证了国家的各项制度机制都能够拧成一股绳发力、沿着同一个方向前进。所以说，党的思想领导为中国特色社会主义制度发挥最大优越性提供了坚实的思想保证。"①

二、 深厚的历史逻辑

中国共产党于 1921 年建立，历经百年奋斗，经受住了各种风险考验和艰难困苦磨难，从最初的 50 多名党员发展为现在的 9600 多万名党员，成为世界第一大党。党的百年奋斗史就是一部伟大斗争的历史，"社会是在矛盾运动中前进的，有矛盾就会有斗争。我们党要团结带领人民有效应对重大挑战、抵御重大风险、克服重大阻力、解决重大矛盾，必须进行具有许多新的历史特点的伟大斗争"②。在大革命时期，尚处幼年的党经受住了反动军阀的疯狂镇压。在土地革命战争时期，党经受住了国民党反动派制造的白色恐怖。在抗日战争时期，党经受住了严峻的考验。新中国成立以来，面对新中国成立之初的国内外复杂局势，党团结带领全国各族人民努力建设新国家、新社会、新制度并取得巨大成就，奠定了党执政的政治、经济、文化和社会基础；面对"大跃进"、国民经济陷入严重困难的局面，党及时采取有效措施使国民经济得以迅速恢复和发展，并开始对社会主义建设道路的艰辛探索；面对"文化大革命"造成的严重挫折，党解放思想、实

---

① 杨颎：《党的领导是中国特色社会主义制度的最大优势》，《求知》2017 年第 9 期，第 10 页。
② 习近平：《决胜全面建成小康社会　夺取新时代中国特色社会主义伟大胜利》，人民出版社 2017 年版，第 15 页。

事求是，开创改革开放和社会主义现代化建设新时期，并逐步开辟中国特色社会主义道路；面对20世纪80年代末90年代初国内发生政治风波、国际上发生东欧剧变和苏联解体及世界共产主义运动陷入低潮的冲击，党冷静观察、沉着应对，引领改革开放和社会主义现代化建设的航船沿着正确方向继续前进；面对1997年下半年开始的亚洲金融危机和1998年严重洪涝灾害的考验，党统一指挥、精心部署，保持经济平稳较快发展，取得抗洪抢险斗争的全面胜利；面对突如其来的"非典"疫情，党加强领导、科学防治，齐心协力取得防治"非典"斗争的重大胜利；面对四川汶川特大地震、青海玉树强烈地震、甘肃舟曲特大山洪泥石流等重大自然灾害，全国人民在党的带领下众志成城、万众一心，夺取抗灾救灾和灾后恢复重建工作的重大胜利；面对2008年国际金融危机严重冲击所造成的困难，党重拳出击、及时应对，继续保持经济社会发展的良好态势；面对美国一手挑起的贸易摩擦，党坚决奉陪，"以谈对谈、以打对打"，坚定捍卫国家和民族的根本利益；面对突如其来的新冠肺炎疫情，党果断决策、沉着应对，坚持人民至上、生命至上，提出坚定信心、同舟共济、科学防治、精准施策的总要求，开展抗击疫情人民战争、总体战、阻击战，慎终如始抓好外防输入、内防反弹，坚持统筹疫情防控和经济社会发展，最大限度保护了人民生命安全和身体健康；等等。

党的百年奋斗征程，是在险象环生中披荆斩棘、艰难前行，在不断应对挑战、克服困难、战胜风险、破解危局中一路走来的，有挫折之后的毅然奋起，有磨难面前的百折不挠，有失误之后的拨乱反正，既历尽苦难又辉煌迭现。面对困难和风险挑战，党不仅提出了正确的指导方针和一系列重大举措，而且充分显示了驾驭复杂局面的领导能力和组织优势，并在有效应对各种困难、风险挑战的丰富实践中不断发展壮大，团结带领人民从一个胜利走向又一个胜利。这充分说明，党不愧为先进的马克思主义政党，不愧为领导中国人民不断开创事业发展新局面的核心力量。

三、 鲜活的现实逻辑

进入新时代，人民日益增长的美好生活需要和不平衡不充分的发展之间的矛盾成为我国社会主要矛盾，国内形势和国际局势出现一系列新情况新变化新问题。以习近平同志为核心的党中央审时度势、指挥若定，推动党和国家事业发生了历史性变革，取得了历史性成就。

在 2021 年建党百年的重要时刻，"我国脱贫攻坚战取得了全面胜利，现行标准下 9899 万农村贫困人口全部脱贫，832 个贫困县全部摘帽，12.8 万个贫困村全部出列，区域性整体贫困得到解决，完成了消除绝对贫困的艰巨任务，创造了又一个彪炳史册的人间奇迹！这是中国人民的伟大光荣，是中国共产党的伟大光荣，是中华民族的伟大光荣！"①。放眼全球，又有哪个政党能有这样的胸怀、魄力和能力团结和带领人民完成这样的壮举！2020 年新冠肺炎疫情席卷全球，中国也未能幸免，但在党的坚强领导下，我们采取科学、果断、迅速、有效的综合防疫举措，率先控制住疫情，率先复工复产，率先实现经济正增长，成为 2020 年全球唯一经济实现正增长的主要经济体，其根本原因就在于，党的领导在应对重大灾难时具有巨大的制度优势。

峥嵘百年岁月，党带领中国人民成功实现从站起来、富起来到强

---

① 习近平：《在全国脱贫攻坚总结表彰大会上的讲话》，《人民日报》2021 年 2 月 26 日。

起来的伟大飞跃。今天的中国，没有任何一个其他政党组织、社会团体、经济实体具有党这样的凝聚力、号召力和影响力。即使放眼全球，即使将时间跨度扩大为整个人类文明史，答案仍然是相同的。"只要我们坚持党的全面领导不动摇，坚决维护党的核心和党中央权威，充分发挥党的领导政治优势，把党的领导落实到党和国家事业各领域各方面各环节，就一定能够确保全党全军全国各族人民团结一致向前进。"[①] 这也是每一个中国人的心声。

第三节　充分彰显最大优势

中国共产党领导是中国特色社会主义制度的最大优势，发挥好这一最大优势才能够保证中国特色社会主义制度的平稳运行。全党必须深刻领悟"两个确立"的决定性意义，增强"四个意识"、坚定"四个自信"、做到"两个维护"，真正实现党的自我革命、跳出历史周期率。

一、巩固和发扬党的最大政治优势

《决议》指出："党的最大政治优势是密切联系群众，党执政后的最大危险是脱离群众。"[②] 中国特色社会主义制度的巨大优越性源于

---

① 《中共中央关于党的百年奋斗重大成就和历史经验的决议》，人民出版社 2021 年版，第 65 页。
② 《中共中央关于党的百年奋斗重大成就和历史经验的决议》，人民出版社 2021 年版，第 66 页。

党的领导的巨大优势，党的领导的巨大优势源于党自身的各项优势。在党自身的各项优势中，政治优势是最根本的，密切联系群众则是党的政治优势中最重要的部分。从根本上说，密切联系群众这个最大政治优势，维系着我们党的生命和事业。正是因为倚重于它、践行着它，我们党在百年奋斗中才不断发展壮大，创造了一个又一个辉煌成就。

唯物史观为党密切联系群众奠定了坚实的哲学基础。马克思主义经典作家认为，人民群众是社会历史的推动者和创造者，人民群众是历史的主体。毛泽东指出："人民，只有人民，才是创造世界历史的动力。"人民群众是党的力量之源，离开了人民群众，党就会一事无成。

中国共产党作为马克思主义政党，继承了马克思主义群众观，并在实践中将其进一步发展为党的群众路线：一切为了群众，一切依靠群众，从群众中来，到群众中去，把党的正确主张变为群众的自觉行动，把为人民谋利益、全心全意为人民服务作为最高的价值追求。群众路线是党的生命线和根本工作路线，我们党之所以得到人民的拥护和支持，从根本上说，就是因为党始终坚持党的群众路线，始终代表中国最广大人民根本利益，紧紧依靠人民，全心全意为人民服务，尊重人民首创精神，团结带领人民不断为美好生活而奋斗。

坚持"以人民为中心"的价值追求，是新时代党践行群众路线的生动体现。党的十八大以来，以习近平同志为核心的党中央，面对新的时代条件和新的实践，坚持党的执政为民理念，一切工作以最广大人民群众根本利益为检验标准，创造性提出"坚持以人民为中心的发展思想"。党的十九大报告又把"坚持以人民为中心"上升为新时代坚持和发展中国特色社会主义的基本方略。坚持以人民为中心，坚定站稳人民立场，不能只停留在口头上、止步于思想环节，而要体现在经济社会发展各个环节，落实到具体行动当中，切实把人民群众关心的事当作自己的大事，着力解决好人民群众最关心、最直接、最现实的利益问题，扎扎实实解决好人民群众最困难、最忧虑、最急迫的实际问题，在幼有所育、学有所教、劳有所得、病有所医、老有所养、住有所居、弱有所扶上不断取得新进展，使人民获得感、幸福感、安全感更加充实、更有保障、更可持续。

二、　坚持和完善民主集中制

回顾党的百年光辉历程，我们可以看出，民主集中制作为正确规范党内政治生活、处理党内关系的基本准则，是反映、体现全党同志和全国人民利益与愿望，保证党的路线、方针、政策正确制定和执行的科学、合理、有效率的制度，是党赖以存在和发展的最基本的制度保证。习近平总书记指出："这项制度把充分发扬党内民主和正确实行集中有机结合起来，既可以最大限度激发全党创造活力，又可以统一全党思想和行动，有效防止和克服议而不决、决而不行的分散主义，是科学合理而又有效率的制度。民主集中制包括民主和集中两个方面，两者互为条件、相辅相成、缺一不可。我们要把民主和集中有机统一起来，真正把民主集中制的优势变成我们党的政治优势、组织优势、制度优势、工作优势。"[1] 民主集中制作为我们立党立国的基础制度，是我们党最大的制度优势，也是马克思主义政党区别于其他性质政党的根本标志。

_____

[1]《树牢"四个意识"坚定"四个自信"　坚决做到"两个维护"勇于担当作为　以求真务实作风把党中央决策部署落到实处》，《人民日报》2018 年 12 月 27 日。

中国特色社会主义制度的十三个显著优势得以发挥的关键就在于坚持民主集中制。习近平总书记指出，坚持民主集中制是保证党的创造力、凝聚力、战斗力，保证党的团结统一的重要法宝。党的历史反复告诉我们：什么时候民主集中制坚持得好，党就风清气正、充满生机活力，党的事业就蓬勃发展；什么时候民主集中制受到破坏，党内矛盾和问题就会滋生蔓延，党的风气就会受到损害，党的事业就会遭遇挫折。习近平总书记在庆祝改革开放 40 周年大会上的重要讲话中指出："该改的、能改的我们坚决改，不该改的、不能改的坚决不改。"民主集中制作为党赖以存在和发展的最基本的制度保证，是党的优良传统和宝贵财富，是党不能丢的光荣传统、不能变的宝贵基因，就属于"不该改的""不能改的""坚决不改"的内容。

党的十八大以来，习近平总书记从执政规律、党建规律和治理规律的高度出发，深刻论述了民主集中制的科学内涵、地位作用以及如何贯彻落实，推进了民主集中制的理论创新、实践创新和制度创新，为加强民主集中制建设指明了方向、提供了遵循。新征程上，必须以习近平总书记系列重要论述为根本遵循，坚持和完善民主集中制，深刻领悟"两个确立"的决定性意义，增强"四个意识"、坚定"四个自信"、做到"两个维护"，牢记"国之大者"，自觉在思想上政治上行动上同以习近平同志为核心的党中央保持高度一致，切实把民主集中制制度优势转化为治理效能。

三、 抓好关键少数

毛泽东在中共扩大的六届六中全会上提出了"政治路线确定之

后，干部就是决定的因素"的著名论断，强调指出："中国共产党是在一个几万万人的大民族中领导伟大革命斗争的党，没有多数才德兼备的领导干部，是不能完成其历史任务的。"① 抓好领导干部这个"关键少数"，才能有效带动"绝大多数"。习近平总书记在"不忘初心、牢记使命"主题教育总结大会上的重要讲话中指出："领导机关是国家治理体系中的重要机关，领导干部是党和国家事业发展的'关键少数'，对全党全社会都具有风向标作用。'君子之德风，小人之德草，草上之风必偃。'在上面要求人、在后面推动人，都不如在前面带动人管用。"充分发挥党的领导的最大优势，团结带领人民不断完善中国特色社会主义制度，不断开拓中国特色社会主义伟大事业新局面，必须要有高素质的干部队伍。干部判断力和执行力的高低决定了党中央制度、方针、政策的贯彻落实程度，高素质的干部拥有更高的判断力和执行力，从而能够高效地推进党和国家的各项事业，完成党的历史使命。"人不率则不从，身不先则不信。"习近平总书记指出："领导机关和领导干部带头冲在前、干在先，是我们党走向成功的关键。革命战争年代，喊一声'跟我上'和吼一声'给我上'，一字之差、天壤之别。新中国成立以后，也是因为我们党有一大批像焦裕禄、谷文昌、杨善洲、张富清这样的英雄模范率先垂范，才团结带领人民群众不断开创各项事业发展新局面。领导机关和领导干部要深刻认识自身的责任，时刻保持警醒，经常对照检查、检视剖析、反躬自省。"②

充分发挥党的领导最大优势，需要不断造就德才兼备的高素质干

---

①《毛泽东选集》第 2 卷，人民出版社 1991 年版，第 526 页。

② 习近平：《习近平谈治国理政》第 3 卷，外文出版社 2020 年版，第 544 页。

部队伍。没有高素质的干部队伍，充分发挥党的领导最大优势将成为一句空话，巩固和完善中国特色社会主义制度、推进中国特色社会主义伟大事业将会困难重重。只有源源不断地造就信念过硬、政治过硬、责任过硬、能力过硬、作风过硬的高素质干部队伍，我们党才能更好地担当起领导人民进行伟大社会革命、实现伟大梦想的历史重任。

四、 深入推进全面从严治党

习近平总书记指出："新形势下，我们党的自身建设面临一系列新情况新问题新挑战，落实党要管党、从严治党的任务比以往任何时候都更为繁重、更为紧迫。我们必须以更大的决心和勇气抓好党的自身建设，确保党在世界形势深刻变化的历史进程中始终走在时代前列，在应对国内外各种风险和考验的历史进程中始终成为全国人民的主心骨，在发展中国特色社会主义的历史进程中始终成为坚强的领导核心。"① 全面从严治党是始终保持并充分发挥党的自身巨大优势的根本保证。党的十九届六中全会以"十个坚持"全面总结了党的百年奋斗的宝贵历史经验。没有长期不懈的全面从严治党，党就不可能有"十个坚持"的巨大优势，更不可能带领中国人民取得一次次巨大胜利。坚持全面从严治党是党始终保持旺盛生命力和强大战斗力的根本保证。只有全面从严治党才能使党始终成为中国特色社会主义制度的坚强领导核心，才能充分发挥中国特色社会主义制度的这项最大优势。相反，管党治党宽松软必将导致党的自身巨大优势部分或全部丧

---

① 习近平：《全面贯彻落实党的十八大精神要突出抓好六个方面工作》，《求是》2013年第1期，第6页。

失，导致党执政地位的丧失，最终导致中国特色社会主义制度和事业的失败。对此，习近平总书记一再告诫全党："党要管党，才能管好党；从严治党，才能治好党。对我们这样一个拥有 8500 多万党员、在一个 13 亿人口大国长期执政的党，管党治党一刻不能松懈。"①

党的十八大以来，以习近平同志为核心的党中央牢牢把握"两个大局"，以高超政治智慧、超凡政治勇气做出全面从严治党战略部署，着力解决人民群众反映最强烈、对党的执政基础威胁最大的突出问题，坚决消除一切损害党的先进性和纯洁性的因素，推动全面从严治党取得历史性成就、反腐败斗争取得压倒性胜利并全面巩固，为全面建成小康社会、实现第一个百年奋斗目标提供了坚强保证。

党的二十大报告指出，"全党必须牢记，全面从严治党永远在路上，党的自我革命永远在路上，决不能有松劲歇脚、疲劳厌战的情绪"②。新征程上，要坚决按照全面从严治党的八个基本要求，即"落实从严治党责任""坚持思想建党和制度治党紧密结合""严肃党内政治生活""坚持从严管理干部""持续深入改进作风""严明党的纪律""发挥人民监督作用""深入把握从严治党规律"③，以永远在路上的坚定和执着将全面从严治党向纵深推进。

五、 全面推进制度创新

推动制度更加成熟定型是历史性的任务。中国特色社会主义制度

① 《建设一支宏大高素质干部队伍　确保党始终成为坚强领导核心》，《人民日报》2013 年 6 月 30 日。
② 习近平：《高举中国特色社会主义伟大旗帜　为全面建设社会主义现代化国家而团结奋斗——在中国共产党第二十次全国代表大会上的报告》，人民出版社 2022 年版，第 64 页。
③ 习近平：《在党的群众路线教育实践活动总结大会上的讲话》，《人民日报》2014 年 10 月 9 日。

虽已经确立，但并不意味着一成不变，相反，还需要不断完善，要在坚持好、巩固好已经建立起来并经过实践检验的根本制度、基本制度、重要制度的前提下，从具体国情出发，及时总结经验，继续加强制度创新，为中华民族走向"强起来"提供根本制度保障。习近平总书记指出："中国特色社会主义制度是特色鲜明、富有效率的，但还不是尽善尽美、成熟定型的。中国特色社会主义事业不断发展，中国特色社会主义制度也需要不断完善。"①"我们要坚持以实践基础上的理论创新推动制度创新，坚持和完善现有制度，从实际出发，及时制定一些新的制度，构建系统完备、科学规范、运行有效的制度体系，使各方面制度更加成熟更加定型，为夺取中国特色社会主义新胜利提供更加有效的制度保障。"②

中国特色社会主义制度的不断完善是一项巨大的、持续的系统工程，也是全党的一项重大战略任务，必须在党中央集中统一领导下科学谋划、精心组织，远近结合、整体推进。习近平总书记指出，"我们已经走出了建设中国特色社会主义制度的成功之路，只要我们沿着这条道路继续前进，就一定能够实现国家治理体系和治理能力现代化"。我们必须紧紧围绕"坚持和完善中国特色社会主义制度、推进国家治理体系和治理能力现代化"这一总目标，努力推动中国特色社会主义制度体系和治理体系不断完善和发展。到 2035 年，各方面制度更加完善，基本实现国家治理体系和治理能力现代化；到新中国成立 100 年时，全面实现国家治理体系和治理能力现代化，使中国特色社会主义制度更加巩固、优越性充分展现。

① 习近平：《习近平谈治国理政》第 1 卷，外文出版社 2018 年版，第 10 页。
② 习近平：《习近平谈治国理政》第 1 卷，外文出版社 2018 年版，第 10 页。

第四章

党和国家的根本与命脉所在

中国共产党是中国特色社会主义事业的领导核心。这一地位的取得是由党自身的性质、宗旨和奋斗目标所决定的，也是由党领导中国人民在各个历史时期取得的伟大成就所奠定的。《决议》强调，"党的领导是党和国家的根本所在、命脉所在"。这一论断告诉我们，无论是党的根本、前途命运，还是国家的根本、前途命运，归根结底都取决于党的坚强领导。因此，从党和国家层面来看，坚持党的领导是党和国家的根本所在，这不仅是党百年奋斗的成功经验，也是我们党和国家未来发展、实现中华民族伟大复兴的制胜密码。

第一节　党的根本与命脉所在

党的百年奋斗充分证明，坚持党的领导是党的根本所在、命脉所在。立足中华民族伟大复兴的历史进程，需要从党自身的根本动力、党性本质、发展命脉等来加以理解。

一、 不忘初心、 牢记使命的动力根本

中国共产党的初心和使命是为中国人民谋幸福、为中华民族谋复兴，这是党的性质宗旨、理想信念、奋斗目标的集中体现，是"激励中国共产党人不断前进的根本动力"①。党的百年奋斗历史，就是践行初心和使命的历史，而初心和使命是激励党百年奋斗的力量源泉，坚持党的领导是党不忘初心、牢记使命的根本动力。

不忘初心、牢记使命是党百年奋斗的坚定政治信念。党的初心和使命，是党从成立之时就确立起来的。党的一大通过的政治纲领表明，从建党开始，党就旗帜鲜明地把实现社会主义、共产主义作为自己的奋斗目标，代表着中国社会发展的正确方向，代表着中国无产阶级和其他广大劳动群众的根本利益。1949 年在中国人民政治协商会议第一届全体会议上，毛泽东向全世界豪迈地宣告："我们的工作将写

---

① 习近平：《决胜全面建成小康社会　夺取新时代中国特色社会主义伟大胜利》，人民出版社 2017 年版，第 1 页。

在人类的历史上，它将表明：占人类总数四分之一的中国人从此站立起来了。"① 1978 年召开党的十一届三中全会做出把党的工作中心转移到经济建设上来，实行改革开放的历史性决策。邓小平指出："我们的生产力发展水平很低，远远不能满足人民和国家的需要，这就是我们目前时期的主要矛盾，解决这个主要矛盾就是我们的中心任务。"② 习近平总书记在参观《复兴之路》展览时指出："实现中华民族伟大复兴，就是中华民族近代以来最伟大的梦想。"③ 这个梦想凝聚了几代中国人的夙愿，体现了中华民族和中国人民的整体利益，是每一个中华儿女的共同期盼。党的十九大报告进一步强调，将"永远把人民对美好生活的向往作为奋斗目标"④，一脉相承地赓续着党的初心和使命的政治承诺。

不忘初心、牢记使命是党百年奋斗的力量源泉。近代以来，追求民族独立、人民解放和国家富强、人民富裕，实现中华民族伟大复兴，是支撑中国人民为之奋斗的不懈动力。党成立之前，中国涌现出无数仁人志士自觉肩负起这个历史使命，进行了一次又一次的浴血奋斗，但最终都失败了；党成立后，团结带领人民经过 28 年的浴血奋斗，终于推翻了三座大山，建立了新中国，实现了中华民族从"东亚病夫"到站起来的伟大飞跃。显然，这其中的奥秘就在于坚持党的领导，从根本上确保了党始终不忘初心、牢记使命：一是在践行初心和使命中找到了符合中国实际的革命道路；二是在践行初心和使命中形

---

① 中共中央文献研究室：《毛泽东文集》第 5 卷，人民出版社 1996 年版，第 343 页。

② 邓小平：《邓小平文选》第 2 卷，人民出版社 1994 年版，第 182 页。

③《承前启后　继往开来　继续朝着中华民族伟大复兴目标奋勇前进》，《人民日报》2012 年 11 月 30 日。

④ 习近平：《决胜全面建成小康社会　夺取新时代中国特色社会主义伟大胜利》，人民出版社 2017 年版，第 1 页。

成了中国化的马克思主义，实现了指导思想上的一脉相承和与时俱进。尤其是在新中国成立并在中国建立起社会主义基本制度后，党领导人民开始了大规模的社会主义建设，立志要摘掉"一穷二白"的帽子，让人民过上富裕幸福的生活，激励全国各族人民掀起了社会主义建设高潮。1956 年 12 月，毛泽东就说："韩愈有一篇文章叫《送穷文》，我们要写送穷文。中国要几十年才能将穷鬼送走。"① 在改革开放和社会主义现代化建设新时期，党团结带领全党全国各族人民，充分用好改革开放这个决定当代中国前途命运的关键一招，使我国实现了从生产力相对落后的状况到经济总量跃居世界第二的历史性突破，实现了人民生活从温饱不足到总体小康、奔向全面小康的历史性跨越，推进了中华民族从站起来到富起来的伟大飞跃，中国大踏步赶上了时代。在中国特色社会主义新时代，以习近平同志为核心的党中央领导全党全国各族人民继续恪守和践行党的初心使命，解决了许多长期想解决而没有解决的难题，办成了许多过去想办而没有办成的大事，推动党和国家事业取得历史性成就、发生历史性变革，前所未有地改变了党的面貌、国家的面貌、人民的面貌、军队的面貌、中华民族的面貌，中华民族迎来了从站起来、富起来到强起来的伟大飞跃。

二、 马克思主义政党的党性根本

先进性和纯洁性是马克思主义政党的本质属性和根本特征，是中国共产党的立党之本、生命所系和力量所在。就其关系而言，纯洁性是先进性的前提和基础，先进性是纯洁性的体现和保证，二者在本质

---

① 中共中央文献研究室：《毛泽东文集》第 7 卷，人民出版社 1999 年版，第 171—172 页。

上是一致的。坚持党的领导是马克思主义政党的党性根本，从根本上永葆党的政治本色和生机活力。《决议》指出："只要我们不断清除一切损害党的先进性和纯洁性的因素，不断清除一切侵蚀党的健康肌体的病毒，就一定能够确保党不变质、不变色、不变味，确保党在新时代坚持和发展中国特色社会主义的历史进程中始终成为坚强领导核心。"①

马克思主义政党的党性是共产党与其他政党的根本区别。按照马克思主义政党理论，中国共产党作为马克思主义政党具有政党的一般属性和功能，但又与其他政党相区别。第一，从党的宗旨看，中国共产党是代表着最广大人民群众利益的政党。共产党不同于一切剥削阶级性质的政党，过去的一切运动，包括资产阶级政党在内领导的都是少数人的或者为少数人谋利益的运动，而共产党领导的无产阶级的运动是绝大多数人的、为绝大多数人谋利益的独立的运动。共产党从来没有自己特殊的利益，而是以无产阶级和劳动人民的利益作为自己的利益。第二，从奋斗目标看，中国共产党是以实现共产主义为最高目标的政党。共产党也不同于一般的工人政党，它以马克思主义为指导思想。马克思主义是无产阶级利益的集中体现，是人类社会发展规律的思想升华。因此，在实践方面，共产党人是各国工人政党中最坚决、始终起推动作用的部分；在理论方面，他们胜过其余无产阶级群众的地方在于他们了解无产阶级运动的条件、进程和一般结果。第三，从革命方式看，中国共产党是以武装斗争夺取政权的革命党。西方国家政党是以和平的方式即选举的方式取得政权，而半殖民地半封建的旧中国实行专制统治，中国共产党只能以暴力的方式夺取政权。

---

① 《中共中央关于党的百年奋斗重大成就和历史经验的决议》，人民出版社 2021 年版，第 70—71 页。

第四，从队伍建设看，中国共产党是具有坚强组织和严密纪律的政党。和一般政党的组织纪律较松弛涣散、党员来去自由不同，共产党以民主集中制作为自己根本的组织原则。入党需要符合党员的基本条件，要有高度的思想觉悟、坚韧不拔的革命毅力和艰苦朴素的工作作风。正是这些马克思主义政党的党性特点，决定了中国共产党区别于其他一切政党。

马克思主义政党的党性赋予党百年奋斗的根本力量。党员是组成中国共产党肌体的细胞，只有凝聚全体党员的磅礴之力，才能实现中华民族伟大复兴。而每个党员的先进性和纯洁性是党的活力的源泉。因此，马克思主义政党的党性凝聚着千千万万党员的根本力量。在党的百年奋斗历程中，必须不断加强和完善党的领导，保持马克思主义政党的党性本色。尤其要注重思想建党、理论强党，这既是我们党的一大优势，也是我们党能够永葆马克思主义政党党性的关键所在。习近平总书记指出："回顾党的奋斗历程可以发现，中国共产党之所以能够历经艰难困苦而不断发展壮大，很重要的一个原因就是我们党始终重视思想建党、理论强党，使全党始终保持统一的思想、坚定的意志、协调的行动、强大的战斗力。"① 首先，要坚持马克思主义政党的性质、宗旨和奋斗目标。也就是说，在性质上，要坚持工人阶级先锋队的性质；在宗旨上，要全心全意为人民服务；在奋斗目标上，要向着建立一个人人平等、自由而全面发展的"自由人联合体即共产主义社会"前进。唯有如此，中国共产党才能永葆先进性和纯洁性，这是巩固党的执政地位的根本保证，是党领导中国特色社会主义事业取得胜利的政治根基。其次，要坚持马克思主义对党的实践的指导作用。

① 习近平：《在纪念马克思诞辰200周年大会上的讲话》，《人民日报》2018年5月5日。

在大是大非中坚守马克思主义政党党性原则，与非马克思主义政党相区别，对各种错误的社会思潮理论进行辨析批判，避免在根本问题上犯颠覆性错误，使党既不走封闭僵化的老路，也不走改旗易帜的邪路，坚持党的群众路线不动摇，始终为中国最广大人民群众所拥护和支持。再次，要坚持马克思主义在意识形态领域指导地位的根本制度。不断推进马克思主义中国化时代化大众化，用党的创新理论最新成果武装头脑、指导实践、推动工作。通过一系列党内集中教育学习，提高党员觉悟、纯洁党的组织、净化党的作风，使广大党员不断砥砺马克思主义政党的党性本色。坚决贯彻新时代党的组织路线，坚持把政治标准放在首位，严把发展党员入口关，充分发挥党员先锋模范作用，不断从组织上保持党作为马克思主义政党的先进本色。

三、 跳出 "历史周期率" 的命脉根本

跳出"历史周期率"问题，是事关党的千秋伟业的重大问题，关系党的生死存亡，关系我国社会主义制度的兴衰成败。"历史周期率"被称为人类政治史上的"哥德巴赫猜想"。中国共产党领导是党的命脉根本，就是要跳出"历史周期率"，实现长期执政。1945年，毛泽东与民主人士黄炎培在延安曾对"历史周期率"进行过深刻对话（俗称"窑洞对"），提出"历史周期率"是人类历史上兴衰治乱、往复循环的周期性难题，也直接关乎党的生死存亡与中国的前途命运。党从成立之初只有50多名党员，发展到如今拥有9600多万名党员、在14亿多人口的大国长期执政的世界最大政党，跳出治乱兴衰的"历史周期率"，其命脉根本就在于坚持党的领导。

　　我们党探索跳出"历史周期率"的历史，实质就是一部接续推进党的建设伟大工程的历史。党的百年奋斗历史这么长、规模这么大、执政这么久，究竟是如何从根本上跳出治乱兴衰的"历史周期率"的？这是党的历史性课题，也是党必须坚持不懈探索解决之道的根本问题。毛泽东在"窑洞对"中给出了第一个答案，这就是"只有让人民来监督政府，政府才不敢松懈。只有人人起来负责，才不会人亡政息"①。这条"民主新路"，贯穿于此后革命、建设、改革的整个过程，在不同历史时期随着国内外形势和党的任务变化，随着党的历史方位的转变，不断被赋予时代内涵。从实现全国执政到巩固执政地位，再到确保长期执政，是党跳出"历史周期率"的现实考验和核心问题。党的十八大以来，习近平总书记反复强调"历史周期率"问题，经常借用"霸王别姬""人亡政息""穷途末路"等典故或话语警示全党，并强调说："我常常提及毛泽东同志和黄炎培先生在延安的'窑洞对'。当年'窑洞对'的问题已经彻底解决了吗？恐怕还没有。"② 他认为，党及其领导的国家的性质与封建王朝、农民起义军有着本质区别，不可简单类比，但以史为鉴可以知兴替，号召全党要牢记毛泽东同志提出的"我们决不当李自成"的深刻警示，牢记"两个务必"，牢记"生于忧患，死于安乐"的古训，着力解决好"其兴也勃焉，其亡也忽焉"的历史性课题。

　　进入新时代，面对"四大考验"日益严峻复杂、"四种危险"更加尖锐凸显的国内外形势，党探索出一条长期执政条件下解决党的自身建设问题、跳出"历史周期率"的成功之道。习近平总书记在党的

① 中共中央文献研究室：《十六大以来重要文献选编》上，中央文献出版社 2005 年版，第 144 页。
② 中共中央文献研究室：《习近平关于全面从严治党论述摘编》，中央文献出版社 2016 年版，第 204 页。

十九届六中全会第二次全体会议上指出："经过百年奋斗特别是党的十八大以来新的实践，我们党又给出了第二个答案，这就是自我革命。"① 党的二十大报告指出，"经过不懈努力，党找到了自我革命这一跳出治乱兴衰历史周期率的第二个答案"②。勇于自我革命是我们党区别于其他政党的显著标志，是我们党最鲜明的品格和最大的优势。作为先进的马克思主义政党不是天生的，而是在不断自我革命中淬炼而成的。"不私，而天下自公"，没有任何自己特殊的利益，这正是党敢于自我革命的勇气之源、底气所在。正因为无私，中国共产党人才能经常检视自身党性原则、批判与自我批判，才能摆脱一切利益集团、权势团体、特权阶层的围猎腐蚀，并向党内被其所裹挟的人开刀。特别是党以猛药去疴、重典治乱的决心，以刮骨疗毒、壮士断腕的勇气，坚定不移开展"打虎""拍蝇""猎狐"等行动，始终坚持无禁区、全覆盖、零容忍，清除党、国家、军队内部存在的严重隐患，清除一切损害党的先进性和纯洁性的因素，以制度确保执政基础的稳固性和活力。因此，勇于自我革命，成为党跳出"历史周期率"的制胜法宝。

总而言之，解决党的建设的命脉根本，关键在党自身不出问题。我们党执政正反两方面的经验，世界上一些社会主义国家和政党演变的教训，都揭示了一个道理：马克思主义政党夺取政权不容易，巩固政权更不容易。习近平总书记指出，百年来，党外靠发展人民民主、接受人民监督，内靠全面从严治党、推进自我革命，勇于坚持真理、

---

① 习近平：《以史为鉴、开创未来　埋头苦干、勇毅前行》，《求是》2022 年第 1 期，第 13 页。

② 习近平：《高举中国特色社会主义伟大旗帜　为全面建设社会主义现代化国家而团结奋斗——在中国共产党第二十次全国代表大会上的报告》，人民出版社 2022 年版，第 14 页。

修正错误，勇于刀刃向内、刮骨疗毒，保证了党长盛不衰、不断发展壮大。

第二节 国家的根本与命脉所在

坚持党的领导也是国家的根本所在。习近平总书记指出："中国是一个大国，决不能在根本性问题上出现颠覆性错误，一旦出现就无法挽回、无法弥补。"[①] 怎样避免出现颠覆性的错误？从根本上说，就是始终坚持党的全面领导。在推进国家治理现代化的进程中，党的领导必须立足国家的根本，坚持人民民主专政的国家性质、走中国特色社会主义发展道路、不断完善中国特色社会主义制度，为实现中华民族伟大复兴的中国梦奠定坚实基础。

一、 人民民主专政的国体根本

人民民主专政就是党百年奋斗所追求的人民当家做主的国体。宪法明确规定，我国是工人阶级领导的、以工农联盟为基础的人民民主专政的社会主义国家，国家一切权力属于人民。因此，党的领导是坚持人民民主专政的国体根本。

建立一个人民当家做主的新社会，是党自成立之日起就为之奋斗的不懈追求。建立一个什么样的新中国，是党建设国家政权的根本问

---

① 习近平：《在全国党校工作会议上的讲话》，人民出版社 2016 年版，第 14 页。

题。在抗日根据地民主政权建设的过程中，毛泽东就积极思考和摸索这一问题。1938年7月，毛泽东在同世界学联代表团的谈话中指出："在这个国家内，有一个独立的民主的政府，有一个代表人民的国会，有一个适合人民要求的宪法。在这个国家内的各个民族是平等的，在平等的原则下建立联合的关系。"① 1948年9月，毛泽东在中共中央政治局会议上的报告中指出，"我们政权的阶级性是这样：无产阶级领导的，以工农联盟为基础，但不是仅仅工农，还有资产阶级民主分子参加的人民民主专政"②，并强调"我们是人民民主专政，各级政府都要加上'人民'二字，如法院叫人民法院，军队叫人民解放军"，而且"人民民主专政的国家，是以人民代表会议产生的政府来代表它的"。新中国成立后，毛泽东向世界宣告我国是人民民主专政的国家，并在宪法中也明确规定我国国家政权这一性质。这就表明，我国国体的根本立场是以人民利益为依归，从根本上实现人民当家做主，体现人民是国家的主人。也就是说，只有在党的领导下，才建立了人民民主专政的国家政权，实现了人民翻身做主的社会夙愿。

人民民主专政的国体，是维护人民根本利益的最广泛、最真实、最管用的国家政权。坚持人民民主专政体现了党和人民意志，保障了人民权益，激发了人民创造活力。邓小平曾说："运用人民民主专政的力量，巩固人民的政权，是正义的事情，没有什么输理的地方。"③其中，"最广泛"体现在"国家一切权力属于人民"和"人民当家做主"，真正实现人民是国家权力的主体；"最真实"体现在"坚持党

① 中共中央文献研究室：《毛泽东文集》第2卷，人民出版社1993年版，第134页。
② 中共中央文献研究室：《毛泽东文集》第5卷，人民出版社1996年版，第135页。
③ 中共中央文献研究室：《十三大以来重要文献选编》下，人民出版社1993年版，第1861页。

的领导、人民当家做主、依法治国有机统一"，三者统一于我国社会主义民主政治伟大实践。党领导人民有效治理国家，保证人民依法实行民主选举、民主协商、民主决策、民主管理和民主监督，加强人权法治建设，保障人民知情权、参与权、表达权、监督权。人民依照宪法和法律规定，通过各种途径和形式管理国家事务，管理经济文化事业，管理社会事务。习近平总书记指出："民主不是装饰品，不是用来做摆设的，而是要用来解决人民要解决的问题的。"① 这就集中体现在人民民主专政国体的显著优势上，尤其是坚持党的集中统一领导，坚持党的科学理论，保持政治稳定，确保国家始终沿着社会主义方向前进的显著优势；坚持人民当家做主，发展人民民主，密切联系群众，紧紧依靠人民推动国家发展的显著优势；坚持全面依法治国，建设社会主义法治国家，切实保障社会公平正义和人民权利的显著优势等。因此，党的领导、人民当家做主、依法治国，集中体现了人民民主专政国体的根本优势。

二、　中国特色社会主义的道路根本

中国特色社会主义是当代中国发展进步的旗帜，是实现中华民族伟大复兴的必由之路。坚持党的领导，从根本上确保坚持和发展中国特色社会主义的正确发展方向。

中国特色社会主义是党领导中国人民的历史选择，是党百年奋斗的宝贵成果。1840 年鸦片战争以后，中国陷入内忧外患的黑暗境地。中国人民奋起反抗，太平天国运动、洋务运动、戊戌变法、辛亥革命

---

① 习近平：《在庆祝中国人民政治协商会议成立 65 周年大会上的讲话》，人民出版社 2014 年版，第 18 页。

等救亡运动风起云涌，但都以失败告终。直到中国共产党登上历史舞台，在马克思主义指引下开启了中国走社会主义的光明道路。毛泽东在《论人民民主专政》一文中总结了中国革命的历史经验，指明中国必须走社会主义道路。新中国成立后，毛泽东、周恩来等党和国家领导人就确立了社会主义"四个现代化"建设的伟大目标。1979年3月，邓小平在党的理论工作务虚会上提出："过去搞民主革命，要适合中国情况，走毛泽东同志开辟的农村包围城市的道路。现在搞建设，也要适合中国情况，走出一条中国式的现代化道路。"① 因此，中国特色社会主义现代化不同于其他国家现代化。从党的十四大提出建设富强、民主、文明的社会主义现代化国家，到党的十七大提出建设成为富强民主文明和谐的社会主义现代化国家，再到党的十九大提出建设成为富强民主文明和谐美丽的社会主义现代化强国，都强调建设的是社会主义现代化国家，国家治理现代化必须坚持社会主义方向，而党的领导始终为其提供了根本保证。

中国特色社会主义道路具有独特优势。从发展特点看，作为当代中国伟大社会变革的成果，中国特色社会主义发展道路"不是简单延续我国历史文化的母版，不是简单套用马克思主义经典作家设想的模板，不是其他国家社会主义实践的再版，也不是国外现代化发展的翻版"②。从发展优势看，中国特色社会主义创造出了许多非凡的成就。一个国家实行什么样的主义，关键要看这个主义能否解决这个国家面临的历史性课题。一个国家的发展道路合不合适，只有这个国家的人民才最有发言权。历史和现实证明，中国特色社会主义是实现中华民

① 邓小平：《邓小平文选》第2卷，人民出版社1993年版，第163页。
② 习近平：《在哲学社会科学工作座谈会上的讲话》，人民出版社2016年版，第21页。

族伟大复兴的必由之路，是焕发科学社会主义生机活力的中国实践，是创造人民美好生活的伟大事业。尤其是党的十八大以来，新时代中国特色社会主义以其生动实践和伟大成就、以其独特魅力和巨大优越性，生动展示了中国共产党"能"、中国特色社会主义"好"、马克思主义"行"，深刻揭示了坚持党的全面领导是坚持和发展中国特色社会主义的必由之路。

三、　党的百年历史伟业的命脉根本

在党的坚强领导下，我国取得了举世瞩目的辉煌成就，书写了波澜壮阔的历史画卷，中华民族迎来了从站起来、富起来到强起来的伟大飞跃。习近平总书记在党史学习教育动员大会上的重要讲话中指出："我们党的一百年，是矢志践行初心使命的一百年，是筚路蓝缕奠基立业的一百年，是创造辉煌开辟未来的一百年。"① 没有中国共产党，就没有新中国，就没有中华民族伟大复兴。可以说，党的百年历程就是一部救国、兴国、富国、强国的奋斗史，而党的领导是党的百年基业的命脉根本。

"救国"的命脉根本。党领导人民浴血奋战、百折不挠，创造了新民主主义革命的伟大成就，这是一条艰苦卓绝的"救国"之路。我国作为一个具有 5000 多年绵延不绝文明历史，且曾雄踞世界之巅、独领风骚的泱泱大国，却在 1840 年鸦片战争后陷入半殖民地半封建社会的苦难深渊。为了拯救民族危亡，中国人民奋起反抗，仁人志士奔走呐喊，进行了可歌可泣的斗争，但都以失败告终。中国迫切需要

———————————

① 习近平：《在党史学习教育动员大会上的讲话》，人民出版社 2021 年版，第 5 页。

新的思想引领救亡运动，迫切需要新的组织凝聚革命力量。正是在这一背景下，应运而生的中国共产党，自觉肩负起"救国"任务：反对帝国主义、封建主义、官僚资本主义，争取民族独立、人民解放，为实现中华民族伟大复兴创造根本社会条件。在建党之初和大革命时期，党制定民主革命纲领，发动工人运动、青年运动、农民运动、妇女运动，推进并帮助国民党改组和国民革命军建立，领导全国反帝反封建伟大斗争，掀起大革命高潮。党从残酷的斗争中认识到，必须以武装的革命反对武装的反革命。在抗日战争时期，面对中日民族矛盾逐渐超越国内阶级矛盾上升为主要矛盾，党实行正确的抗日民族统一战线政策，坚持全面抗战路线，提出和实施持久战的战略总方针和一整套人民战争的战略战术，开辟广大敌后战场和抗日根据地，领导八路军、新四军、东北抗日联军和其他人民抗日武装英勇作战，成为全民族抗战的中流砥柱，直到取得抗日战争最后胜利。在解放战争时期，面对国民党反动派悍然发动的全面内战，党领导广大军民逐步由积极防御转向战略进攻，打赢辽沈、淮海、平津三大战役和渡江战役，向中南、西北、西南胜利进军，消灭国民党反动派 800 多万人，推翻帝国主义、封建主义、官僚资本主义三座大山。党领导的人民军队在人民的支持下，以一往无前的英雄气概同穷凶极恶的敌人进行殊死斗争，为夺取新民主主义革命胜利建立了卓越功勋。因此，党领导新民主主义革命取得伟大胜利，并总结出了"中国共产党在中国革命中战胜敌人的三个法宝，三个主要的法宝"[1]，即统一战线、武装斗争和党的建设。

"兴国"的命脉根本。党领导人民自力更生、发愤图强，创造了

---

①《毛泽东选集》第 2 卷，人民出版社 1991 年版，第 606 页。

社会主义革命和建设的伟大成就，这是一条艰辛探索的"兴国"之路。新中国成立后，面对政治、经济、军事等方面一系列严峻挑战，党领导的社会主义革命和建设要完成的主要任务是，实现从新民主主义到社会主义的转变，进行社会主义革命，推进社会主义建设，为实现中华民族伟大复兴奠定根本政治前提和制度基础。首先，党采取一系列措施使新中国站稳脚跟。一是肃清国民党反动派残余武装力量和土匪，和平解放西藏，实现祖国大陆完全统一；二是稳定物价，统一财经工作，完成土地改革，进行社会各方面民主改革，实行男女权利平等，镇压反革命，开展"三反""五反"运动，荡涤旧社会留下的污泥浊水，社会面貌焕然一新；三是赢得抗美援朝战争伟大胜利，捍卫了新中国安全，彰显了新中国大国地位。其次，建立社会主义制度，为我国一切进步和发展奠定了重要基础。建立和巩固工人阶级领导的、以工农联盟为基础的人民民主专政的国家政权，为国家迅速发展创造了条件；制定《中国人民政治协商会议共同纲领》，正式提出过渡时期的总路线，通过了《中华人民共和国宪法》，完成"三大改造"，建立起社会主义基本经济制度，确立人民代表大会制度、中国共产党领导的多党合作和政治协商制度、民族区域自治制度，为人民当家做主提供了制度保证。至此，社会主义建设取得了重大成就：建立起独立的比较完整的工业体系和国民经济体系，农业生产条件显著改变，教育、科学、文化、卫生、体育事业得到很大发展；"两弹一星"等国防尖端科技不断取得突破，国防工业从无到有逐步发展起来；人民解放军得到壮大和提高，由单一的陆军发展成为包括海军、空军和其他技术兵种在内的合成军队，为巩固新生人民政权、确立中国大国地位、维护中华民族尊严提供了坚强后盾。总之，新中国成立到改革开放前夕，党领导人民完成了社会主义革命，消灭了一切剥削制度，实现了中华民族有史以来最为广泛而深刻的社会变革，实现了一穷二白、人口众多的东方大国大步迈进社会主义社会的伟大飞跃。党在社会主义革命和建设中取得的独创性理论成果和巨大成就，为在新的历史时期开创中国特色社会主义提供了宝贵经验、理论准备、物质基础。

"富国"的命脉根本。党领导人民解放思想、锐意进取，创造了改革开放和社会主义现代化建设的伟大成就，走出了一条砥砺前行的"富国"之路。"文化大革命"结束以后，在党和国家面临何去何从的重大历史关头，党深刻认识到，只有实行改革开放才是唯一出路，否则我们的现代化事业和社会主义事业就会被葬送。因此，党在改革开放和社会主义现代化建设时期要完成的主要任务是，继续探索中国建设社会主义的正确道路，解放和发展社会生产力，使人民摆脱贫困、尽快富裕起来，为实现中华民族伟大复兴提供充满新的活力的体制保证和快速发展的物质条件。党的十一届三中全会以后，以邓小平同志为主要代表的中国共产党人，团结带领全党全国各族人民，创立了邓小平理论，解放思想，实事求是，做出把党和国家工作中心转移到经济建设上来、实行改革开放的历史性决策，深刻揭示社会主义本质，确立社会主义初级阶段基本路线，明确提出走自己的路、建设中国特色社会主义，科学回答了建设中国特色社会主义的一系列基本问题，制定了到21世纪中叶分三步走、基本实现社会主义现代化的发展战略，成功开创了中国特色社会主义。党的十三届四中全会以后，以江泽民同志为主要代表的中国共产党人，团结带领全党全国各族人民，坚持党的基本理论、基本路线，加深了对什么是社会主义、怎样建设社会主义和建设什么样的党、怎样建设党的认识，形成了"三个代表"重要思想，捍卫了中国特色社会主义，确立了社会主义市场经济体制的改革目标和基本框架，确立了社会主义初级阶段公有制为主体、多种所有制经济共同发展的基本经济制度和按劳分配为主体、多种分配方式并存的分配制度，开创全面改革开放新局面，推进党的建设新的伟大工程，成功把中国特色社会主义推向21世纪。党的十六大以后，以胡锦涛同志为主要代表的中国共产党人，团结带领全党全国各族人民，在全面建设小康社会进程中推进实践创新、理论创新、制度创新，深刻认识和回答了新形势下实现什么样的发展、怎样发展等重大问题，形成了科学发展观，抓住重要战略机遇期，聚精会神搞建设，一心一意谋发展，强调坚持以人为本、全面协调可持续发展，着力保障和改善民生，促进社会公平正义，推进党的执政能力建设和先进性建设，成功在新形势下坚持和发展了中国特色社会主义。总之，在党的领导下，我国改革开放和社会主义现代化建设的伟大成就举世瞩目，实现了从生产力相对落后的状况到经济总量跃居世界第二的历史性突破，实现了人民生活从温饱不足到总体小康、奔向全面小康的历史性跨越，推进了中华民族从站起来到富起来的伟大飞跃。

"强国"的命脉根本。党领导人民自信自强、守正创新，创造了新时代中国特色社会主义的伟大成就，蹚出了新时代的"强国"之路。党的十八大以来，中国特色社会主义进入新时代，党面临的主要任务是，实现第一个百年奋斗目标，开启实现第二个百年奋斗目标新征程，朝着实现中华民族伟大复兴的宏伟目标继续前进。以习近平同志为主要代表的中国共产党人，坚持把马克思主义基本原理同中国具体实际相结合、同中华优秀传统文化相结合，坚持毛泽东思想、邓小平理论、"三个代表"重要思想、科学发展观，深刻总结并充分运用党成立以来的历史经验，从新的实际出发，创立了习近平新时代中国特色社会主义思想，统筹推进"五位一体"总体布局、协调推进"四个全面"战略布局，坚持和完善中国特色社会主义制度、推进国家治理体系和治理能力现代化，坚持依规治党、形成比较完善的党内法规体系，战胜一系列重大风险挑战，实现第一个百年奋斗目标，明确实现第二个百年奋斗目标的战略安排，党和国家事业取得历史性成就、发生历史性变革。

党领导"救国""兴国""富国""强国"的百年奋斗历程充分说明，坚持党的领导是党和国家的命脉所在。党的十九届四中全会系统总结了我国国家制度和国家治理体系的显著优势，第一个就是"坚持党的集中统一领导"。邓小平曾指出："中国由共产党领导，中国的社会主义现代化建设事业由共产党领导，这个原则是不能动摇的；动摇了中国就要倒退到分裂和混乱，就不可能实现现代化。"① 党的二十大报告强调指出："全面建设社会主义现代化国家、全面推进中华民族伟大复兴，关键在党。"② 众所周知，20世纪80年代末90年代初的苏东剧变之后，许多实现所谓"自由民主"的发展中国家纷纷出现了恐怖袭击、社会极化、民生凋敝甚至国家分裂危机，造就了"世界之乱"的境遇。而与之形成鲜明对比的是"中国之治"：在党的领导下，中国历经革命、建设和改革，创造了世所罕见的经济快速发展奇迹和社会长期稳定奇迹，推动"中国号"巨轮在中华民族伟大复兴的征程上乘风破浪、行稳致远。

---

① 邓小平：《邓小平文选》第2卷，人民出版社1994年版，第267—258页。
② 习近平：《高举中国特色社会主义伟大旗帜　为全面建设社会主义现代化国家而团结奋斗——在中国共产党第二十次全国代表大会上的报告》，人民出版社2022年版，第63页。

第三节　推进国家治理现代化

坚持党的领导是党和国家的根本所在，集中体现党在国家治理中的地位和作用。推进国家治理现代化，必须从党和国家事业发展的全局和长远出发，深刻回答党在国家治理中"坚持和巩固什么、完善和发展什么"这个重大政治问题，彰显党的领导在国家治理现代化中的统摄性地位。因此，在新时代推进国家治理现代化，要从根本上提高党的科学执政、民主执政、依法执政水平，做到把方向、谋大局、定方略、促改革，充分发挥党总揽全局、协调各方的领导核心作用。

一、 把握国家治理现代化的方向定位

方向决定道路，道路决定命运，推进国家治理现代化一定要把握正确的方向和指向。党是国家的领导力量，党的领导是国家治理的核心。从党执政的基本经验看，国家治理现代化的正确方向就是在党的领导下，立足基本国情，以经济建设为中心，坚持四项基本原则，坚持改革开放，解放和发展社会生产力，促进人的全面发展，逐步实现全体人民共同富裕，建设富强民主文明和谐美丽的社会主义现代化强国。

国家治理现代化必须坚持以人民为中心的价值定位。党的十九届四中全会通过的《中共中央关于坚持和完善中国特色社会主义制度、推进国家治理体系和治理能力现代化若干重大问题的决定》再次强

调："我国是工人阶级领导的、以工农联盟为基础的人民民主专政的社会主义国家，国家的一切权力属于人民。"① 国家治理的根本目的是"坚持人民主体地位"，"确保人民依法通过各种途径和形式管理国家事务，管理经济文化事业，管理社会事务"②。同时，党的根基在人民，血脉在人民，力量在人民，人民是党执政兴国的最大底气。习近平总书记指出："我们要始终把人民立场作为根本立场，把为人民谋幸福作为根本使命，坚持全心全意为人民服务的根本宗旨。"③ 因此，国家治理现代化要真正落实人民立场，紧紧依靠人民力量。

国家治理现代化必须坚持党的全面领导。只要坚定不移坚持党的全面领导、维护党中央权威和集中统一领导，国家治理现代化才能够拥有强大政治凝聚力、发展自信心，集聚起守正创新、共克时艰的强大力量，形成风雨来袭时全体人民最可靠的主心骨。《决议》明确指出："党的领导是全面的、系统的、整体的，保证党的团结统一是党的生命；党中央集中统一领导是党的领导的最高原则，加强和维护党中央集中统一领导是全党共同的政治责任，坚持党的领导首先要旗帜鲜明讲政治，保证全党服从中央。"④ 坚持党的全面领导，首先，要立足新发展阶段、贯彻新发展理念、构建新发展格局，推动国家治理高质量发展；其次，要始终体现在统筹推进"五位一体"总体布局和协调推进"四个全面"战略布局的全过程，全面深化改革，正确处理好政府、市场和社会之间的关系，坚持全面依法治国，实现全体人民共同富裕；再次，要不断完善"党委领导、政府负责、社会协同、公众

①《〈中共中央关于坚持和完善中国特色社会主义制度、推进国家治理体系和治理能力现代化若干重大问题的决定〉辅导读本》，人民出版社 2019 年版，第 10 页。

②《中国共产党第十九届中央委员会第四次全体会议文件汇编》，人民出版社 2019 年版，第 8 页。

③ 习近平：《在纪念马克思诞辰 200 周年大会上的讲话》，《人民日报》2018 年 5 月 5 日。

④《中共中央关于党的百年奋斗重大成就和历史经验的决议》，人民出版社 2021 年版，第 28 页。

参与、法治保障的社会治理体制"①，营造共建共治共享社会治理格局；最后，发展全过程人民民主，保证人民当家做主，践行社会主义核心价值观，在发展中保障和改善民生，统筹发展和安全，构建人与自然和谐共生，协同推进人民富裕、国家强盛、中国美丽。总之，坚持党的全面领导，必须坚持以习近平新时代中国特色社会主义思想为指导，把准政治方向，保持政治稳定，为国家治理现代化提供力量源泉和组织保障，这是推进国家治理现代化的方向定位，也是新中国70多年来取得辉煌成就的根本经验。

二、 谋划国家治理现代化大局

国家治理体系是一个相互协调、有机统一的制度体系，除了党的领导制度之外，还包括政治、经济、文化、社会、生态以及国防、外交等各个领域的制度及由此衍生的体制机制，以及一系列法律法规。推进国家治理体系现代化，必须把握时代变化和国家治理现代化特点，着力谋划国家治理现代化大局，使国家治理更加科学、更加完善。

预设国家治理现代化的目标大局。从目标层面上讲，国家治理现代化的目标，不仅是面向当代中国发展，而且是指向中国未来，关系第二个百年奋斗目标实现和中华民族伟大复兴中国梦的大局。这是党作为马克思主义使命型政党的实践使然，从根本上不同于狭隘利益型和利益分割型的西方政党。作为马克思主义政党，党担负着解放全人类的崇高使命，把实现共产主义作为远大理想和最高纲领，同时以社

---

① 习近平：《决胜全面建成小康社会　夺取新时代中国特色社会主义伟大胜利》，人民出版社2017年版，第49页。

会主义作为过渡的最低纲领。在马克思主义指导下，坚持民主集中制的根本组织原则，既可以最大限度激发创造活力，又可以统一思想和行动，有效防止和克服分散主义。因此，党的理想信念、指导思想、根本组织原则，从目标指向上服务于中国发展，成为党领导国家治理现代化的基本前提条件。

遵循国家治理现代化的逻辑大局。党的领导与国家治理现代化是相互耦合的有机整体，具有内在逻辑一致性。首先，国家治理现代化要求从人民群众根本利益出发，以经济发展、政治稳定及社会和谐为价值追求；而党的领导的根本目的在于实现国家富强、民族振兴、社会和谐及人民幸福。其次，推进国家治理体系和治理能力现代化，目的就是更好地发挥中国特色社会主义制度的优越性；党的领导则不断开拓中国特色社会主义事业新境界。再次，国家治理现代化需要更多的社会力量参与，调动各方面参与的积极性，发挥人民群众在国家治理中的重要作用；党的领导则要坚持人民群众的历史主体地位，走党的群众路线，赢得人民群众的认同支持。最后，推进国家治理现代化根本上是社会革命，而党在领导国家治理现代化的进程中把社会革命与自我革命相统一，不断加强和改善党的领导。

引领国家治理现代化的价值大局。践行和弘扬社会主义核心价值观是推进国家治理现代化的价值大局。2014 年 2 月 24 日，习近平总书记在主持十八届中央政治局第十三次集体学习时强调："培育和弘扬核心价值观，有效整合社会意识，是社会系统得以正常运转、社会秩序得以有效维护的重要途径，也是国家治理体系和治理能力的重要方面。"[1] 推进国家治理现代化离不开社会主义核心价值观的引领。社

---

[1] 习近平：《习近平谈治国理政》第 1 卷，外文出版社 2018 年版，第 163 页。

会主义核心价值观以"三个倡导"为主要内容，集中体现了社会主义的本质要求，明确了社会主义国家的价值目标。其中，"富强民主文明和谐"是国家治理现代化的价值在国家层面的具体取向和内容，"自由平等公正法治"是国家治理现代化的价值在社会层面的具体取向和内容，"爱国敬业诚信友善"是国家治理现代化的价值在公民层面的具体取向和内容。由此可见，推进国家治理现代化本身就是一种国家核心价值观的集中体现。社会主义核心价值观是中华民族伟大复兴的兴国之魂，也是国家治理现代化的内在灵魂。有了社会主义核心价值观的价值引领，国家治理现代化就有了更加明确的奋斗目标。

三、 定好国家治理现代化方略

定好国家治理现代化方略，才能把党的领导核心作用真正落到实处。

坚定国家治理现代化的政治原则。《中共中央关于加强党的政治建设的意见》明确指出："坚持和加强党的全面领导，最重要的是坚决维护党中央权威和集中统一领导；坚决维护党中央权威和集中统一领导，最关键的是坚决维护习近平总书记党中央的核心、全党的核心地位。"① 因此，要坚持把推进国家治理现代化与维护习近平总书记党中央的核心、全党的核心地位内在统一起来，作为国家治理现代化的最高政治原则，切实增强"四个意识"、坚定"四个自信"、做到"两个维护"，坚定执行党的政治路线，严格遵守政治纪律和政治规矩，始终在思想上政治上行动上同以习近平同志为核心的党中央保持

———————————

① 《中共中央关于加强党的政治建设的意见》，人民出版社 2019 年版，第 8 页。

高度一致，确保党中央一锤定音、定于一尊的权威，确保党中央政令畅通、令行禁止。

落实国家治理现代化策略。党的领导是国家治理贯彻落实到各领域各方面各环节的核心统领。邓小平指出："在中国这样的大国，要把几亿人口的思想和力量统一起来建设社会主义，没有一个由具有高度觉悟性、纪律性和自我牺牲精神的党员组成的能够真正代表和团结人民群众的党，没有这样一个党的统一领导，是不可能设想的，那就只会四分五裂，一事无成。"① 因此，在推进国家治理现代化进程中，必须贯彻落实党的全面领导。一是加强党对深化改革、依法治国、经济、农业农村、纪检监察、组织、宣传思想文化、国家安全、政法、统战、民族宗教、教育、科技、网信、外交、审计等涉及党和国家事业全局的重大工作的集中统一领导；二是强化党的组织在同级组织中的领导地位，确保党的方针政策和决策部署在同级组织中得到贯彻落实；三是更好发挥党的职能部门作用，优化党的组织、宣传、统战、政法、机关党建、教育培训等部门职责配置；四是统筹设置党政机构，科学设定党和国家机构，准确定位、合理分工、增强合力；五是推进党的纪律检查体制和国家监察体制改革，推进纪检工作双重领导体制具体化、程序化、制度化。总之，通过采取有效举措把坚持党的全面领导贯彻到党和国家所有机构履行职责全过程，推动国家治理各方面协调行动、增强合力。

四、 提升党的国家治理能力

打铁必须自身硬。推进国家治理现代化，关键是增强党的国家治

---

① 邓小平：《邓小平文选》第 2 卷，人民出版社 1994 年版，第 341—342 页。

理能力。习近平总书记指出：“领导十三亿多人的社会主义大国，我们党既要政治过硬，也要本领高强。”① 如果党自身没有过硬的国家治理能力或本领，那么党的领导就会成为一句空话。因此，坚持党的领导必须增强和提升党的国家治理能力，使党成为科学执政、民主执政、依法执政的执政党。所谓“科学执政”，就是要深刻把握共产党执政规律，坚持党的领导、人民当家做主、依法治国有机统一，科学分析和界定党的政治和社会功能，在加强党的集中统一领导的同时，支持人大、政府、政协和法院、检察院依法依章程履行职能、开展工作、发挥作用。所谓“民主执政”，就是要在治国理政中既要为人民执政又要靠人民执政，坚持人民当家做主是社会主义民主政治的本质和核心，把党的领导与发展社会主义民主政治有机统一起来，实现人民当家做主的制度化、规范化、程序化。所谓“依法执政”，就是党必须在宪法和法律范围内活动，依照宪法和法律的规定来治理国家和管理社会事务，使党员干部特别是领导干部成为遵守宪法和法律的模范。

提升党的国家治理能力，必须改革和完善党的领导方式和执政方式。第一，党的领导方式和执政方式要立足于提出宏观的路线方针政策，以指导国家的政治生活和全社会的行动，绝不能陷于微观的、具体琐碎的行政事务和经济事务的治理中。第二，党的领导方式和执政方式是依法执政和依法领导。党要在宪法和法律的范围内活动，党对国家事务实行领导的主要方式是使党的主张经过法定程序变成国家意志，即通过法律和法令来实现党的领导，把党的领导活动纳入国家法治的轨道。第三，党的领导方式和执政方式是选拔和推荐重要干部到

---

① 习近平：《决胜全面建成小康社会　夺取新时代中国特色社会主义伟大胜利》，人民出版社 2017 年版，第 68 页。

国家政权机关中任职。党的执政和领导，最主要的就是通过党的干部在政权中的工作来实现。党要以国家政权作为执政中心，把自己的重要的干部推荐到国家权力机关中去，通过这些执政的党的干部来领导和实现治国理政的方针政策。第四，党的领导方式和执政方式是监督国家政权中的党的领导干部和党员。党的领导干部和党员要发挥先锋模范作用，坚持以身作则，做到廉洁从政。

实践证明，党的领导是国家治理最显著的优势。党的十八大以来，在党的领导下，我国国家事业发展取得了极不平凡的成就。从打赢脱贫攻坚战到全面建成小康社会，从全面深化改革"啃硬骨头"到推动高质量发展，从"打虎""拍蝇""猎狐"到科技整体水平大幅提升，从在全球率先控制住新冠肺炎疫情到为世界奉献一届精彩、非凡、卓越的冬奥盛会，从提出"一带一路"倡议到推动构建人类命运共同体……彰显了党卓越的国家治理能力。

总之，坚持党的领导是推动国家治理现代化的根本保证，党的领导要贯穿于国家治理现代化的全过程。在坚持党的领导这个决定党和国家前途命运的重大原则问题上，全党全国必须保持高度的思想自觉、政治自觉、行动自觉，丝毫不能动摇。只有把坚持党的领导与推进国家治理现代化内在统一起来，才能稳步推进国家治理现代化。因此，国家治理现代化的问题不在于要不要坚持党的领导，而在于党的领导的方式科学不科学；不在于党敢不敢于领导，而在于善不善于领导。推动国家治理现代化，要求党要不断提高科学执政、民主执政、依法执政水平，切实把制度优势转化为治理效能。

第五章

全国各族人民的利益与命运所系

　　在人类社会历史发展中，利益是人的一切实践活动的出发点和最终目的。司马迁在《史记·货殖列传》中写道："天下熙熙，皆为利来；天下壤壤，皆为利往。"其意思是说，普天之下芸芸众生都是为了各自的利益而四处奔波。中国共产党作为最广大人民根本利益的忠实代表，没有自己特殊的利益，也从来不代表任何利益集团、任何权势团体、任何特权阶层的利益。党的一切奋斗、一切牺牲、一切创造都是为了让人民过上好日子，党的百年历史从根本上说就是一部为人民谋幸福的历史，没有共产党就没有中国人民的幸福生活。党的领导"是全国各族人民的利益所系、命运所系"[1]，坚持好党的全面领导，才能实现全国各族人民的美好生活、现实利益和长远利益。

---

[1]习近平：《在庆祝中国共产党成立100周年大会上的讲话》，《人民日报》2021年7月2日。

第一节　全国各族人民的利益所系

马克思主义认为，人们奋斗所争取的一切，都同他们的利益有关，"'思想'一旦离开'利益'，就一定会使自己出丑"①。坚持党的领导是全国各族人民的利益所系，集中体现了马克思主义利益观，是践行全心全意为人民服务根本宗旨的必然要求，是党推动革命、建设、改革的成功经验。

一、马克思主义利益观的集中体现

马克思主义利益观认为，无产阶级政党要始终代表人民的根本利益，为人民的利益而不懈奋斗。坚持党的领导是全国各族人民的利益所系，正是马克思主义利益观的集中表达。长期以来，人们在对待人民群众与英雄杰出人物的历史作用问题上存在论争。马克思主义以前的一切历史观认为，人类社会历史是由少数英雄杰出人物创造的，否认人民群众是推动历史发展的决定力量。然而，马克思主义唯物史观却颠覆了这种历史观，认为人民群众才是历史的创造者，创造了人类社会的全部物质财富和精神财富，是推动社会发展的根本力量。正如《国际歌》中所唱："是谁创造了人类世界？是我们劳动群众。"因

---

① 中共中央马克思恩格斯列宁斯大林著作编译局：《马克思恩格斯文集》第1卷，人民出版社2009年版，第286页。

此，为了人民、依靠人民，维护人民群众的根本利益，是共产党人为之奋斗的行动指南和历史方向。

正是由于马克思主义科学地揭示了人民群众在人类社会历史发展中的地位和作用，所以第一个建立在科学社会主义基础上的无产阶级革命组织——共产主义者同盟一经创立，就旗帜鲜明地表明自己的政治立场和利益诉求：为绝大多数人谋利益，致力于实现最广大人民的根本利益。马克思、恩格斯在《共产党宣言》中庄严宣布："过去的一切运动都是少数人的，或者为少数人谋利益的运动。无产阶级的运动是绝大多数人的，为绝大多数人谋利益的独立的运动。"① 尤其强调，作为无产阶级政党的共产党"没有任何同整个无产阶级的利益不同的利益"②。因此，共产党必须为了广大人民的利益而奋斗，并且要紧密联合和团结人民群众的力量，否则共产党人的一切斗争和理想就会化为泡影。巴黎公社革命爆发时，马克思、恩格斯虽然居住于英国伦敦，但是他们却始终关注巴黎公社革命事业的发展态势，通过各种方式保持与巴黎公社的联系，向巴黎公社提供一系列的指导和建议。为此，马克思还从法国、德国和英国等国报刊上搜集了大量有关公社发展的材料，并对之进行分析、整理，作为指导巴黎公社革命和总结巴黎公社革命经验教训的根据。1871 年 4 月中旬至 5 月底，马克思写出了光辉著作《法兰西内战》，全面论述巴黎公社革命。他在文中特别指出，"公社的真正秘密就在于：它实质上是工人阶级的政府，是生产者阶级同占有者阶级斗争的结果，是终于发现的可以使劳动在经

① 中共中央马克思恩格斯列宁斯大林著作编译局：《马克思恩格斯全集》第 1 卷，人民出版社 2012 年版，第 411 页。

② 中共中央马克思恩格斯列宁斯大林著作编译局：《马克思恩格斯全集》第 1 卷，人民出版社 2012 年版，第 413 页。

济上获得解放的政治形式"①。巴黎公社作为新型的国家政权，不仅表现在兼管立法和行政上，还表现在同人民群众的利益相一致，要为绝大多数人民谋利益上。这为今后国际共产主义运动提供了有益指导。

中国共产党成立的初心和使命，就是坚持和发展马克思主义利益观，始终把为最广大人民谋利益作为自己的奋斗目标。1919年7月，毛泽东在主编《湘江评论》创刊号时首次表明"什么力量最强？民众联合的力量最强"②，确立了人民群众的社会历史地位和作用。此后，毛泽东又相继发表《中国社会各阶级的分析》《湖南农民运动考察报告》等，深刻分析中国现实社会问题和社会各阶级的状况，把马克思主义利益观同中国的具体实际相结合，谋求人民的利益，发挥最广大人民的历史创造力量，推动新民主主义革命取得伟大胜利。社会主义建设时期，毛泽东在《论十大关系》中指明这十种关系都是矛盾，这些矛盾的实质是社会主义建设中人民利益矛盾的具体体现。只有处理好这些人民利益矛盾，才能充分调动全国各族人民的力量。此后，他又在《关于正确处理人民内部矛盾的问题》中进一步指出："一般说来，人民内部的矛盾，是在人民利益根本一致的基础上的矛盾。"③ 并反复告诫全党："共产党人的一切言论行动，必须以合乎最广大人民群众的最大利益，为最广大人民群众所拥护为最高标准。"④邓小平阐述党员的含意时指出："如果用概括的语言来说，只有两句

---

① 中共中央马克思恩格斯列宁斯大林著作编译局：《马克思恩格斯文集》第3卷，人民出版社版2009年版，第158页。

② 中共中央文献研究室、中共湖南省委《毛泽东早期文稿》编辑组：《毛泽东早期文稿》，湖南出版社1990年版，第292页。

③ 中共中央文献研究室：《毛泽东文集》第7卷，人民出版社1999年版，第206页。

④《毛泽东选集》第3卷，人民出版社1991年版，第1096页。

话：全心全意为人民服务，一切以人民利益作为每一个党员的最高准绳。"① 江泽民也明确指出："我们党始终坚持人民的利益高于一切。党除了最广大人民的利益，没有自己特殊的利益。党的一切工作，必须以最广大人民的根本利益为最高标准。"② 在加强党的先进性建设中，胡锦涛一再强调，"开展党的先进性建设，就是要使党的理论和路线方针政策顺应时代发展的潮流和我国社会发展进步的要求、反映全国各族人民的利益和愿望"③。进入新时代，习近平总书记强调指出，党立于不败之地的根本所在是"党代表中国最广大人民根本利益，没有任何自己特殊的利益，从来不代表任何利益集团、任何权势团体、任何特权阶层的利益"④。以上这些重要思想论断，深刻揭示了我们党一脉相承地坚持和弘扬马克思主义利益观，把谋求人民的利益作为根本价值立场和价值取向，始终把全国各族人民利益作为"国之大者"。

二、 为人民服务根本宗旨的必然要求

为什么人的问题，是检验一个政党、一个政权性质的试金石。相信谁、依靠谁、为了谁，是否始终站在最广大人民的立场上，是否始终实现好、维护好、发展好最广大人民的根本利益，是马克思主义政党的本质和宗旨的集中体现，是马克思主义政党区别于其他政党的显著标志。因此，心系人民利益是党坚持全心全意为人民服务的政治立

---

① 邓小平：《邓小平文选》第1卷，人民出版社1994年版，第257页。
② 江泽民：《论"三个代表"》，中央文献出版社2001年版，第162页。
③《大力加强党的先进性建设 积极推动全面建设小康社会进程》，《人民日报》2005年1月15日。
④《中共中央关于党的百年奋斗重大成就和历史经验的决议》，人民出版社2021年版，第66页。

场和根本宗旨的必然要求。

　　党坚持全心全意为人民服务的根本宗旨，从本质上区别于资产阶级政党。纵观历史，相继涌现的各种资产阶级政党，无论怎样进行自我标榜，无论打着多么动听的"自由、民主、博爱、公平"等旗号，归根到底都只代表占人口少数的资产阶级的利益。这是由资产阶级政党的阶级基础和剥削本质所决定的，是资产阶级政党的利益与广大人民的利益之间矛盾的现实反映。因此，资产阶级政党不可能从根本上代表和维护人民的利益。实际上，在一切剥削阶级眼里，人民群众只是他们利用的工具和任由其压榨、宰割的对象。封建地主阶级曾利用农民起义进行改朝换代，资产阶级也曾利用人民群众的革命运动建立自己的政权。然而，一旦他们掌握了国家政权，就反过来残酷地压迫和奴役广大人民群众。毛泽东指出："我们共产党人区别于其他任何政党的又一个显著的标志，就是和最广大的人民群众取得最密切的联系。全心全意地为人民服务，一刻也不脱离群众；一切从人民的利益出发，而不是从个人或小集团的利益出发；向人民负责和向党的领导机关负责的一致性；这些就是我们的出发点。"[1] 马克思主义政党同剥削阶级及其政党相反，不是把人民群众作为自己的工具，而是把自己作为人民群众在特定历史时期完成特定历史任务的一种工具，领导和团结最广大人民群众，始终为实现好、维护好、发展好最广大人民的根本利益而不懈地努力。

　　全心全意为人民服务的根本宗旨是中国共产党利益观的集中体现。党从一开始就把"为人民服务"作为自己的思想指南和行动准

----

　　[1]《毛泽东选集》第 3 卷，人民出版社 1991 年版，第 1094—1095 页。

则，要求"与人民利益适合的东西，我们要坚持下去，与人民利益矛盾的东西，我们要努力改掉"①。尽管党经历了不同历史时期，尽管党面临的历史任务、时代形势和国内外环境条件有很大不同，但人民立场和为人民服务的宗旨是一脉相承的，谋求人民的利益是一以贯之的。坚持全心全意为人民服务的根本宗旨，从根本上维护好最广大人民的根本利益，是党立于不败之地的根本所在。如果脱离了人民群众、代表不了最广大人民的根本利益，我们党就会陷入"最大危险"，就失去了根本、根基，也就没有了立党执政的底气和力量。

三、　我国革命、　建设、　改革的成功经验

党领导我国革命、建设、改革的历史和现实反复证明，人民群众是推动历史发展和社会进步的主体力量，只有心系人民的利益和要求，才能使我们党的根基坚如磐石、立于不败之地。可以说，党的百年历史就是始终为人民的利益而奋斗，紧紧依靠人民不断战胜艰难险阻，取得一个又一个伟大胜利的历史。坚持党的领导是全国各族人民的利益所系，是从我国革命、建设、改革总结出的成功经验。

在新民主主义革命时期，党团结带领全国各族人民浴血奋战、百折不挠，实现了民族独立、人民解放。在这个时期，民族独立和人民解放不仅是历史任务，更是人民的利益体现。党始终高度重视群众工作，贯彻党的群众路线，注重维护人民的利益。党的二大强调"党的一切运动都必须深入到广大的群众里面去"，党的七大把"和人民群

———————
① 中共中央文献研究室：《毛泽东文集》第3卷，人民出版社1996年版，第210页。

众紧密联系在一起的作风"确立为党的三大优良作风之一。党领导全国各族人民"打土豪、分田地",同人民群众一起"有盐同咸、无盐同淡",涌现出"八子参军""十送红军""半条被子"等感人故事,"军民团结如一人"。党团结带领人民经过 28 年浴血奋斗,推翻了三座大山,建立了新中国,实现了民族独立、人民解放,中国人民从此站起来了。

在社会主义革命和建设时期,党团结带领人民完成了社会主义革命,消灭了一切剥削制度,实现了中华民族有史以来最为广泛深刻的社会变革。在这个时期,党始终站稳人民立场,不断激发广大人民翻身做主人的革命热情。党和全国人民上下一心、同仇敌忾,赢得了抗美援朝战争的伟大胜利。同时,党领导和团结全国各族人民战胜政治、军事、经济等方面一系列严峻挑战,建立起社会主义制度,推进了社会主义建设,实现了一穷二白、人口众多的东方大国大步迈进社会主义社会的伟大飞跃。

在改革开放和社会主义现代化建设新时期,党团结带领人民解放思想、锐意进取,实现了人民生活从温饱不足到总体小康、奔向全面小康的历史性跨越。在这个时期,党坚持一切从实际出发、实事求是,坚持改革开放,打破平均主义、吃"大锅饭"的束缚,实行"先富带后富"、逐步实现共同富裕的政策,有力调动了人民群众的积极性,家庭联产承包责任制、乡镇企业、开发区经济等一大批群众和基层首创的改革经验不断涌现,实现了中国人民从站起来到富起来的伟大飞跃。

中国特色社会主义进入新时代,以习近平同志为核心的党中央把人民放在心中最高位置,坚持以人民为中心的发展思想,采取了一系列富有开创性、战略性的重大举措维护和发展人民利益，推动把改革发展成果更多更公平惠及全体人民。党带领全国人民打赢脱贫攻坚战，历史性地解决了绝对贫困问题，如期实现了全面建成小康社会的目标。在全球抗疫斗争中，我们党坚持人民至上、生命至上，取得了抗疫斗争重大战略成果，形成了"中国之治"与"西方之乱"的鲜明对比。

由此可见，在党的百年历史征程中，我们党始终践行全心全意为人民服务的宗旨，把人民利益放在首位，与人民心心相印、与人民同甘共苦、与人民团结奋斗，也因此赢得了人民群众的衷心拥戴和广泛支持。

第二节　全国各族人民的命运所系

党的百年奋斗从根本上改变了中国人民的前途命运，充分说明了党的领导是全国各族人民的命运所系。1840 年鸦片战争以后的 100 多年里，中华民族陷入内忧外患的深重苦难之中，中国人民受到三座大山的沉重压迫，过着十分悲惨屈辱的生活。只有党顺应历史发展的潮流和人民的期盼，自觉肩负起民族独立、人民解放和国家富强、人民幸福两大历史任务，团结带领人民经过百年奋斗，才改变了近代以后中国人民的悲惨命运，改写了近代以后中华民族的屈辱历史。

一、　思想觉醒：　精神上由被动转为主动

1921 年 7 月，党应运而生，从此，中国人民谋求民族独立、人民解放和国家富强、人民幸福的斗争就有了主心骨，中国人民就从精神上由被动转为主动。这是从思想方面唤起中国人民的伟大觉醒和精神自觉。

中国人民在精神上由被动转为主动的伟大觉醒是一个历史认知过程。十月革命一声炮响，给我们送来了马克思列宁主义，让中国人民的思想冲破了牢笼，中华民族精神获得了极大振奋。就思想基础而言，中华优秀传统文化具有自省慎独等特点，近代以来经历了洋务运动、戊戌变法、辛亥革命、新文化运动之后，思想界开始对中国人的"国民性"进行反思与批判；就中国与西方发达国家的比较而言，中国先进知识分子就"中体西用"还是"西体中用"等展开论争；就中国共产党与中国各种政治理念的关系而言，展开了马克思主义与非马克思主义，社会主义和自由主义、资本主义、修正主义等各种思想的论争；就中国共产党内部思想斗争而言，面对着如何应对各种形式的"左"倾和右倾错误思潮，旗帜鲜明地批判和剖析了保守主义和激进主义、教条主义和分裂主义等思想挑战。总之，在中国人民的思想觉醒过程中，党始终坚持和发展马克思主义，把马克思主义基本原理同中国具体实际相结合、同中华优秀传统文化相结合，化为中国人民精神主动的理论动力。

党的历史上的三个重要历史决议，集中体现着党带领人民坚持和发展马克思主义的思想觉醒。第一个历史决议是 1945 年 4 月党的六届七中全会通过的《关于若干历史问题的决议》，第一次从党的指导思想的高度确立了"马克思主义的普遍真理和中国革命的具体实践相结合"的思想原则，为实现马克思主义中国化的第一次历史性飞跃创设了重要基础。第二个历史决议是 1981 年 6 月党的十一届六中全会通过的《关于建国以来党的若干历史问题的决议》，发展了实事求是的思想路线，为实现马克思主义中国化的第二次历史性飞跃创设了条件。第三个历史决议是 2021 年 11 月党的十九届六中全会通过的《中共中央关于党的百年奋斗重大成就和历史经验的决议》，突出中国特色社会主义新时代这个重点，从党的指导思想的高度将习近平新时代中国特色社会主义思想概述为"当代中国马克思主义、21 世纪马克思主义"与"中华文化和中国精神的时代精华"，实现了马克思主义中国化新的飞跃。

党的百年奋斗构筑的以伟大建党精神为源头的中国共产党人的精神谱系，是十分宝贵的精神财富，彰显了百年来党和人民焕发出的前所未有的历史主动精神、历史创造精神，为中华民族伟大复兴提供了源源不断的精神力量。党的创建是党奋斗征程的起点，伟大建党精神则是中国共产党人精神谱系的开篇。在新民主主义革命时期，党团结带领人民推翻三座大山，建立新中国，铸就了井冈山精神、苏区精神、长征精神、遵义会议精神、延安精神、抗战精神……为中国共产党人的精神谱系打下了浴血奋战、百折不挠的鲜红底色。在社会主义革命和建设时期，为了捍卫和保护新生的红色政权，开展改天换地的社会主义革命和建设伟大实践，中国共产党人涌现出抗美援朝精神、"两弹一星"精神、雷锋精神、焦裕禄精神、大庆精神（铁人精神）……这些精神绽放出自力更生、发愤图强的精神之光。在改革开放和社会主义现代化建设新时期，中国共产党人在翻天覆地重大变化中开创中国特色社会主义事业新局面，铸就了改革开放精神、特区精神、抗洪精神、抗击"非典"精神……这些精神为中国共产党人的精神谱系注入了解放思想、锐意进取的全新内容。进入中国特色社会主义新时代，以习近平同志为核心的党中央，高度重视中国共产党人精神谱系的构筑和赓续，铸就了脱贫攻坚精神、抗疫精神、"三牛"精神、科学家精神、企业家精神……新时代伟大奋斗精神突出自信自强、守正创新，为迈进新征程、奋进新时代鼓足精气神。

二、　政治革命：　实现翻身解放和当家做主

经过党的百年奋斗，中国人民翻身成为国家、社会和自己的主人。纵观中国历史，从奴隶社会到封建社会，王侯将相更迭，而"百姓苦"不变。只有在党的领导下，通过深刻的社会政治革命，改变了国家政权性质，建立了中华人民共和国，中国人民才最终实现了翻身解放和当家做主。毛泽东在党的七大上指出："从古以来，中国没有一个集团，像共产党一样，不惜牺牲一切，牺牲多少人，干这样的大事。"①

在实现中华民族伟大复兴的历史进程中，党领导和团结带领中国人民，把马克思主义基本原理与中国具体实际结合起来，闯出了一条人民民主的新路。1945 年 7 月 1 日，黄炎培、冷遹等 6 人访问延安。其间，毛泽东多次同他们促膝长谈。对此，黄炎培在日记中写道：有

---

① 中共中央文献研究室：《毛泽东文集》第 3 卷，人民出版社 1996 年版，第 292 页。

一回，毛泽东问我感想怎样。我答……一部历史，"政怠宦成"的也有，"人亡政息"的也有，"求荣取辱"的也有。总之没有能跳出这周期率的支配。毛泽东答："我们已经找到新路，我们能跳出这周期率。这条新路，就是民主。只有让人民来监督政府，政府才不敢松懈。只有人人起来负责，才不会人亡政息……"这段对话后来被称为毛泽东与黄炎培的延安"窑洞对"。这里，黄炎培谈的是自己观察到的一种"兴也勃焉""亡也忽焉"的历史现象，他同毛泽东讨论的正是我们党如何能跳出这种"历史周期率"的问题。党的百年奋斗史，是党团结带领人民探索、形成、发展人民民主的奋斗史，从"工农民主""人民民主"到"新民主主义"，从农民协会、工农兵代表苏维埃、参议会到各界人民代表会议，党探索建设人民当家做主新社会的脚步一刻不停。

早在 1940 年的《新民主主义论》中，毛泽东就对未来新中国政权有过深刻的思考：中国无产阶级、农民、知识分子和其他小资产阶级，乃是决定国家命运的基本势力，他们必然要成为中华民主共和国的国家构成和政权构成的基本部分，而无产阶级则是领导的力量。1948 年 9 月，在西柏坡召开的中共中央政治局扩大会议上，毛泽东对新中国的国体有了明确的擘画："我们政权的阶级性是这样：无产阶级领导的，以工农联盟为基础，但不是仅仅工农，还有资产阶级民主分子参加的人民民主专政。"① 他还特别强调，"我们是人民民主专政，各级政府都要加上'人民'二字，各种政权机关都要加上'人民'二字"②。新中国成立后，在具有临时宪法性质的《中国人民政

---

① 中共中央文献研究室：《毛泽东文集》第 5 卷，人民出版社 1996 年版，第 135 页。
② 中共中央文献研究室：《毛泽东文集》第 5 卷，人民出版社 1996 年版，第 135 页。

治协商会议共同纲领》中对此进行了确认：中华人民共和国为新民主主义即人民民主主义的国家，实行工人阶级领导的，以工农联盟为基础的、团结各民主阶级和国内各民族的人民民主专政。这就再清楚不过地宣示：在几千年中国历史上，最广大人民第一次掌握了自己的命运，成为人民共和国的主人。1954 年 9 月召开的第一届全国人民代表大会第一次会议，通过了此前经过全国人民广泛讨论的《中华人民共和国宪法》，把我国国体确立为"工人阶级领导的、以工农联盟为基础的人民民主国家"。1982 年 12 月，第五届全国人民代表大会第五次会议通过的《中华人民共和国宪法》规定："中华人民共和国是工人阶级领导的、以工农联盟为基础的人民民主专政的社会主义国家。"在宪法中进一步确认了人民当家做主的国体。

党领导和团结全国各族人民，创造了人民当家做主的伟大制度，建立并巩固发展了工人阶级领导的、以工农联盟为基础的人民民主专政的国体，人民代表大会制度的政体，中国共产党领导的多党合作和政治协商制度、民族区域自治制度、基层群众自治制度等基本政治制度。习近平总书记指出："这样一套制度安排，能够有效保证人民享有更加广泛、更加充实的权利和自由，保证人民广泛参加国家治理和社会治理；能够有效调节国家政治关系，发展充满活力的政党关系、民族关系、宗教关系、阶层关系、海内外同胞关系，增强民族凝聚力，形成安定团结的政治局面；能够集中力量办大事，有效促进社会生产力解放和发展，促进现代化建设各项事业，促进人民生活质量和水平不断提高；能够有效维护国家独立自主，有力维护国家主权、安全、发展利益，维护中国人民和中华民族的福祉。"① 进入新时代，全过程人民民主在中华大地展示出勃勃生机和强大生命力，人民享有广泛充分、真实具体、有效管用的民主，民主自信更加坚定，中国的民主之路越走越宽广。

三、 社会生活： 从一穷二白到全面建成小康

习近平总书记在庆祝中国共产党成立 100 周年大会上庄严宣告，"在中华大地上全面建成了小康社会，历史性地解决了绝对贫困问题"②。这意味着在党的领导下，全国人民打赢了脱贫攻坚战，历史性地解决了绝对贫困问题，全面完成了决胜全面小康社会的目标任务，过上了日益富足的生活，把对美好生活的向往不断变为了现实。

全面建成小康社会是一代代中国共产党人带领人民接续奋斗的伟大成果。小康一直是千百年来中国人民最朴素的愿望和憧憬，是中华民族自古以来追求的理想社会状态。《诗经》中有一句"民亦劳止，汔可小康"，表达了中国人民的朴实心愿。新中国成立后，党团结带领站起来的中国人民，将全面建成小康社会作为重大政治责任，把消除贫困、改善民生、增进人民福祉、实现共同富裕作为党的重要使命，把群众是否满意作为衡量全面建成小康社会成效的重要标尺，自力更生、发愤图强，立志彻底撕掉贫困标签。消除贫困，自古以来是人类梦寐以求的理想。将消除贫困纳入国家战略来谋划，并一以贯之地推进执行，不仅在中国几千年历史上是第一次，在人类社会历史上

① 中共中央文献研究室：《十八大以来重要文献选编》中，中央文献出版社 2016 年版，第 61—62 页。
② 习近平：《在庆祝中国共产党成立 100 周年大会上的讲话》，《人民日报》2021 年 7 月 2 日。

也属罕见。

中国人民打赢了脱贫攻坚战，历史性地解决了绝对贫困问题，如期实现全面建成小康社会奋斗目标，归根结底在于坚持党的领导。尤其是党的十八大以来，以习近平同志为核心的党中央贯彻落实"创新、协调、绿色、开放、共享"新发展理念，提出全面建成小康社会的任务要求，贯穿决胜全面建成小康社会的全过程。建立健全党的各级组织，并成为决胜全面建成小康社会的核心力量。从党中央顶层决策，到省、市委精心部署，再到地方基层党组织的具体落实，使决胜全面建成小康社会形成科学决策、团结一致、共克时艰的良好格局，为决胜全面建成小康社会提供了根本保证。发挥党员的先锋模范作用，为决胜全面建成小康社会做出示范引领。基层党员，特别是党员干部在决胜全面建成小康社会中深入群众，答群众之问、解群众之困、维护群众利益，增强了人民群众对党的信任，夯实了党的群众基础。

四、精神面貌：从"东亚病夫"到自信自主自强

2014年，习近平总书记在文艺工作座谈会上指出："一个民族的复兴需要强大的物质力量，也需要强大的精神力量。没有先进文化的积极引领，没有人民精神世界的极大丰富，没有民族精神力量的不断增强，一个国家、一个民族不可能屹立于世界民族之林。"[1] 党的百年奋斗使中国人民的精神生活日益丰富、精神状态发生了根本性改变，

---

[1] 习近平：《在文艺工作座谈会上的讲话》，人民出版社2015年版，第5页。

中国人民更加自信自立自强，中国人的志气骨气底气得到极大增强。

在党的领导下，中国人民不仅创造了世所罕见的经济快速发展和社会长期稳定两大奇迹，而且也展现了中国人民自信自主自强的精神面貌。近代以来，中国这个东方古国扮演"落后者、挨打者"的角色，一度面临亡国灭种的危险，中国人被辱为"东亚病夫"，受尽欺辱。直到1949年10月1日，在北京天安门广场举行的中华人民共和国中央人民政府成立典礼上，毛泽东向全世界庄严宣告："中华人民共和国中央人民政府今天成立了！"长久被人欺辱的中国人民，终于挺直了脊梁、站起来了。进入新时代，中华民族从站起来、富起来向强起来迈进，中国人民在思想上、政治上、经济上、文化上获得全方位提升，不仅信心百倍地书写着新时代中国发展的伟大历史，还日益走近世界舞台中央，展示出中国发展的世界意义，给世界上那些既希望加快发展又希望保持自身独立性的国家和民族提供了全新选择，为解决人类问题贡献了中国智慧和中国方案。

中国人民自信自主自强的精气神不是凭空产生的，而是来自在党的领导下国家的飞速发展。回望建党百年，"落后就要挨打"六个字道尽了中国近现代的百年屈辱。看今朝发展变化，中国一改百年前的衰败凋零之势，呈现出一派蒸蒸日上的繁荣景象：稳居世界第二大经济体、第一大工业国、第一大货物贸易国，神舟飞天、北斗组网、嫦娥揽月、天问探火，全面建成小康社会、向着全面建成社会主义现代化强国的第二个百年奋斗目标迈进……在党的团结带领下，中国创造了"当惊世界殊"的发展成就，蓄积起一个发展中大国的雄厚实力。经过百年奋斗，我们不仅解除了危亡之忧，而且在积贫积弱、一穷二白的底子上，建成了一个繁荣昌盛、充满生机活力的社会主义新国家，将百年前的苦难和落后、几代人的迷茫和彷徨，将外界对一种新兴制度的质疑和敌视，都彻底甩到了身后。正因如此，我们才有能力、有本领应对一切风险挑战，才塑造出中国人民自信自主自强的精神面貌。虽然当今世界充满了不确定性，但只要已站起来和富起来的中国人民笃信我们国家、我们民族会越来越好，这份拼搏向上的劲头就会汇聚成一股沛然之气，推动新时代更加成为活力不断迸发、激情充分涌流的"黄金时代"。

第三节　坚持以人民为中心的价值取向

习近平总书记在庆祝中国共产党成立 100 周年大会上的重要讲话中强调："中国共产党根基在人民、血脉在人民、力量在人民。"① 发展中国特色社会主义，必须首先解决好为了谁、依靠谁这个根本问题。坚持党的领导是全国人民的利益所系、命脉所在，必须坚持以人民为中心的价值取向，始终代表最广大人民根本利益，把人民放在心中最高位置，始终做到发展为了人民、发展依靠人民、发展成果由人民共享。

一、　践行为人民谋幸福的初心和使命

中国共产党人的初心和使命，就是为中国人民谋幸福，为中华民

---

① 习近平：《在庆祝中国共产党成立 100 周年大会上的讲话》，《人民日报》2021 年 7 月 2 日。

族谋复兴。我们共产党人打江山、守江山，都是为了人民幸福。坚持以人民为中心的价值取向，就是从根本上践行为人民谋幸福的初心和使命。什么是"幸福"？按照《现代汉语词典》的解释，是指"使人心情舒畅的境遇和生活"或"（生活、境遇）称心如意"①。"幸福"在不同时期具有特定内涵，既有物质方面的需求，又有精神上的追求。同时，人们对幸福的追求是永无止境的。中国共产党始终牢记和践行为人民谋幸福的初心和使命，才能不断使人民获得更充分的幸福。

为人民谋幸福是党百年奋斗的目标。党从成立之日起，就把为中国人民谋幸福的重任扛在肩上，与人民心连心、同呼吸、共命运，从而得到人民群众的拥护和支持，赢得了广泛而坚实的群众基础。古人曰："乐民之乐者，民亦乐其乐；忧民之忧者，民亦忧其忧。"坚持为人民谋幸福、不断增进人民福祉，是坚持以人民为中心的发展思想的最终目的。习近平总书记指出："我们的人民热爱生活，期盼有更好的教育、更稳定的工作、更满意的收入、更可靠的社会保障、更高水平的医疗卫生服务、更舒适的居住条件、更优美的环境，期盼孩子们能成长得更好、工作得更好、生活得更好。人民对美好生活的向往，就是我们的奋斗目标。"② 实现"两个一百年"奋斗目标、实现中华民族伟大复兴的中国梦的过程，就是不断为人民造福、增进人民福祉的过程。因此，把为人民创造幸福作为我们党始终不渝的奋斗目标，彰显了党坚持以人民为中心的价值取向，积极顺应人民群众对美好生

---

① 中国社会科学院语言研究所词典编辑室：《现代汉语词典》，商务印书馆 2016 版，第 1469 页。

② 中共中央文献研究室：《习近平关于实现中华民族伟大复兴的中国梦论述摘编》，中央文献出版社 2013 年版，第 13 页。

活的向往和期待，把增进人民福祉、促进人的全面发展作为发展的出发点和落脚点，努力朝着实现全体人民共同富裕的目标稳步迈进。

为人民谋幸福是党百年奋斗的行动指南。党在具体实践和工作中，要顺应民心、尊重民意、关注民情、致力民生，谨记权为民所用、情为民所系、利为民所谋；党员干部要深怀爱民之心、恪守为民之责、善谋富民之策、多办利民之事，想群众之所想、急群众之所急、解群众之所困，努力在学有所教、劳有所得、病有所医、老有所养、住有所居、弱有所扶上不断取得新进展。新民主主义革命时期，毛泽东提出要全心全意地为人民服务，一刻也不脱离群众，一切从人民的利益出发。改革开放以来，邓小平强调，一定要努力帮助群众解决一切能够解决的困难。江泽民强调，要实现好、维护好、发展好人民群众的根本利益。胡锦涛指出，保障工人阶级和广大劳动群众经济、政治、文化、社会权益是我国社会主义制度的根本要求，是党和国家的神圣职责。党的十八大以来，以习近平同志为核心的党中央提出了以人民为中心的发展思想，忠实地代表人民群众的利益，统筹推进"五位一体"总体布局，协调推进"四个全面"战略布局，扎实推进共同富裕实质性发展，续写了党践行初心、勇担使命的崭新篇章。

践行为人民谋幸福的初心使命，要求将人民立场内化于思想灵魂，外化于行动自觉。"人民对美好生活的向往，就是我们的奋斗目标"，鲜明昭示了党执政为民的坚定决心。在百年奋斗中，党坚持性质宗旨，坚定理想信念，坚守初心使命，勇于自我革命，在生死斗争和艰苦奋斗中经受住了各种风险考验、付出了巨大牺牲，用行动诠释了"为有牺牲多壮志，敢教日月换新天"的奋斗精神。据不完全统计，从中国共产党成立到新中国成立，党的中央委员、候补委员共有170余人，其中42人英勇牺牲，约占总数的25%；中央政治局委员、候补委员共有55人，其中15人英勇牺牲，约占总数的27%。新中国成立以后，我们党踏着英雄的血迹、高举英雄的旗帜继续前进，又涌现出一大批像焦裕禄、谷文昌、杨善洲、张富清这样甘于奉献、勇于牺牲、率先垂范的英雄模范。在脱贫攻坚战中，1800多名党员、干部将生命定格在脱贫攻坚征程上。新冠肺炎疫情发生以来，近400名党员、干部为抗击疫情献出了宝贵生命，将为人民谋幸福的庄严承诺永远镌刻在历史的丰碑上，树起了新时代中国共产党人的先锋形象。一代代中国共产党人坚守以人民为中心的价值取向，永远保持对人民的赤子之心，始终把人民利益摆在至高无上的地位，始终同人民想在一起、干在一起，以人民忧乐为忧乐，以人民甘苦为甘苦，团结带领人民创造更美好、更幸福的生活。

二、 依靠人民实现中华民族伟大复兴

人民是历史的创造者，是决定党和国家前途命运的根本力量。"国以民为本，社稷亦为民而立。"习近平总书记在庆祝中国共产党成立100周年大会上的重要讲话中指出，"新的征程上，我们必须紧紧依靠人民创造历史"[①]。因此，坚持以人民为中心的价值取向，要求党始终坚守人民立场、依靠人民，从人民中汲取智慧，凝聚起强大合力。

---

① 习近平：《在庆祝中国共产党成立100周年大会上的讲话》，《人民日报》2021年7月2日。

　　依靠人民，使党的事业永远立于不败之地。依靠人民，集中彰显了人民至上的价值取向，体现了坚持人民主体地位的内在要求。党的十八届六中全会指出："我们党来自人民，失去人民拥护和支持，党就会失去根基。"① 党与人民风雨同舟、生死与共，始终保持血肉联系，使党始终拥有强大力量源泉，是党战胜一切困难和风险的根本保证。习近平总书记指出，"人民是历史的创造者，是真正的英雄"②。百年来，党之所以能不断发展壮大，之所以能创造一个个惊天动地的伟大奇迹，靠的就是人民群众，这是党永续发展的力量之源。在新民主主义革命时期，党团结带领人民探索出一条农村包围城市、武装夺取政权的正确革命道路，依靠人民推翻了三座大山，使得长期受压迫、受奴役的中国人民翻身成为真正的主人。新中国成立后，面对一穷二白的落后状况，党积极依靠人民群众恢复国民经济，建立社会主义基本制度。改革开放以来，党始终保持同人民群众的血肉联系，紧紧依靠人民群众解决改革发展问题，实现了翻天覆地的新变化。进入新时代，党把人民作为执政的最大底气，坚持从人民中获得力量，不断厚植党长期执政的群众基础。

　　依靠人民，从人民中汲取智慧和力量。历史活动是人民群众的事业，人民群众中蕴藏着无穷的智慧和力量。在党领导的革命、建设和改革实践中，中国人民敢闯敢试、敢为人先，积极性、主动性、创造性空前高涨，充分显示了强大力量。习近平总书记指出，改革开放在认识和实践上的每一次突破与发展，改革开放中每一个新生事物的产生和发展，改革开放每一个方面经验的创造与积累，无不来自亿万人

---

①《党的十八届六中全会文件学习辅导百问》，党建读物出版社、学习出版社2016年版，第5页。

② 习近平：《在庆祝中国共产党成立100周年大会上的讲话》，《人民日报》2021年7月2日。

民的实践和智慧。踏上新的赶考之路，更要从人民群众中汲取筑梦中国的不竭动力。要自觉拜人民为师，虚心向人民学习，从群众中来到群众中去，及时发现、总结、概括人民群众创造出来的新鲜经验，使之上升为理论和政策，再用以指导新的实践。要完善人民群众参与决策机制，深入调查研究，充分听取群众意见，使制定的每一项政策、措施都符合实际，符合群众的愿望和要求。要发挥全过程人民民主优势，健全全面、广泛、有机衔接的人民当家做主制度体系，丰富民主形式、拓宽民主渠道，谱写好新时代社会主义民主政治新篇章。

依靠人民，凝聚起实现中国梦的磅礴伟力。习近平总书记指出："人民群众有着无尽的智慧和力量，只有始终相信人民，紧紧依靠人民，充分调动广大人民的积极性、主动性、创造性，才能凝聚起众志成城的磅礴之力。"[1] 中国特色社会主义是亿万人民自己的事业，中国梦犹如高擎的火炬，燃烧在神州大地上，照亮中华民族复兴的未来，也点燃亿万中华儿女团结奋斗的澎湃激情，汇聚成昂扬奋进的时代旋律。纵观古今，放眼世界，每一个朝代的兴衰、每一个政权的更替，无不与民心向背息息相关。百代兴盛依清正，千秋基业仗民心。新征程上，党面临的风险挑战更加严峻、复杂，应对风险、化解挑战，奋力实现第二个百年奋斗目标，更加需要依靠人民，问政于民、问需于民、问计于民，体察民情、了解民意、集中民智，汇聚起实现中国梦的磅礴力量。

三、 以人民的利益作为检验的最高标准

实现和维护人民的利益，是我们党始终具有不竭奋斗动力的源泉，是指引、评价、检验我们党一切执政活动的最高标准。邓小平强调，以人民群众"拥护不拥护""满意不满意""高兴不高兴"作为衡量一切工作成效的价值标准。江泽民强调，始终坚持以"三个代表"来衡量党的一切工作。胡锦涛强调，坚持以人为本，把实现人民群众的利益作为一切工作的出发点和归宿。党的十八大以来，以习近平同志为核心的党中央提出了以人民为中心的发展思想，强调"党的一切工作，必须以最广大人民根本利益为最高标准"[①]。因此，坚持以人民为中心的价值取向，要以人民的利益作为检验一切工作成效的最高标准。

把人民利益放在首位。在百年奋斗中，党始终把人民放在心中最高位置，坚持尊重社会发展规律和尊重人民历史主体地位的一致性，坚持为崇高理想奋斗和为最广大人民谋利益的一致性，坚持完成党的各项工作和实现人民利益的一致性，不断把为人民造福事业推向前进。习近平总书记在第十三届全国人民代表大会第一次会议上强调指出："波澜壮阔的中华民族发展史是中国人民书写的！博大精深的中华文明是中国人民创造的！历久弥新的中华民族精神是中国人民培育的！中华民族迎来了从站起来、富起来到强起来的伟大飞跃是中国人民奋斗出来的！"[②] 坚持以人民为中心的价值取向必须把人民利益放在

---

① 习近平：《在纪念毛泽东同志诞辰120周年座谈会上的讲话》，人民出版社2013年版，第19页。
② 习近平：《习近平谈治国理政》第3卷，外文出版社2020年版，第139页。

首位，发展和维护人民的利益。党的百年奋斗使我国人民的日子从缺吃少穿发展到温饱无忧，又到总体小康，再到全面小康，充分顺应了人民的意愿，人民的获得感、幸福感、安全感越来越强。因此，党做出的每一项决策、出台的每一项政策措施，都必须正确反映并有利于妥善处理各种不同的利益关系，都必须兼顾不同阶层和不同方面群众的利益。

厚植人民情怀。党的百年奋斗把"人民"二字深深融入党的血脉。党领导人民建立的国家称为"中华人民共和国"，各级政府称为"人民政府"，党缔造的军队称为"人民解放军"，党的干部称为"人民公仆"，党中央的机关报称为"人民日报"，中央银行称为"人民银行"，等等。事实证明，正是由于中国共产党人把人民装在心里，镌刻在自己的旗帜上，密切关心群众的愿望和呼声，想群众之所想、急群众之所急、忧群众之所忧，着力解决好人民最关心最直接最现实的利益问题，人民才会拥护党、爱戴党、追随党。

坚持由人民来评判。习近平总书记指出，"时代是出卷人，我们是答卷人，人民是阅卷人"[1]，"我们党的执政水平和执政成效都不是由自己说了算，必须而且只能由人民来评判。人民是我们党的工作的最高裁决者和最终评判者"[2]。群众利益无小事，正是群众的一桩桩"小事"构成了国家"大事"。从"为人民服务"，到"把人民拥护不拥护、赞成不赞成、高兴不高兴、答应不答应作为制定方针政策和做出决断的出发点和归宿""代表最广大人民的根本利益""实现好、维护好、发展好最广大人民的根本利益"，再到"人民对美好生活的

---

① 习近平：《习近平谈治国理政》第 3 卷，外文出版社 2020 年版，第 70 页。

② 习近平：《在纪念毛泽东同志诞辰 120 周年座谈会上的讲话》，人民出版社 2013 年版，第 20 页。

向往，就是我们的奋斗目标"，党始终把人民利益作为检验党的所有工作成效的评价标准，最终都要看人民是否真正得到了实惠、人民生活是否真正得到了改善、人民权益是否真正得到了保障，确保在共同富裕的路上，一个也不掉队。

四、 永葆党同人民群众的血肉联系

习近平总书记在庆祝中国共产党成立 100 周年大会上向全党发出号召，永远保持同人民群众的血肉联系，始终同人民想在一起、干在一起。

牢固树立马克思主义群众观，增强宗旨意识。人民群众是历史的创造者，是真正的英雄，是推动历史发展进步的根本力量。历史和现实都告诉我们，密切联系群众，是党的性质和宗旨的体现，是党区别于其他政党的显著标志，也是党发展壮大的重要原因；能否保持党同人民群众的血肉联系，决定着党的事业的成败。要牢固树立马克思主义群众观和全心全意为人民服务的思想，校正党员干部的世界观、人生观、价值观，引导他们进一步树立正确的权力观、利益观、政绩观、地位观，进一步增强宗旨意识、公仆意识、使命意识、担当意识、责任意识、奉献意识，始终把人民放在心中最高的位置，自觉做到权为民所用、利为民所谋、情为民所系，实现好、维护好、发展好最广大人民的根本利益。

贯彻党的群众路线，密切联系群众。党的群众路线是我们党的根本工作路线，也是党的一切工作的生命线。回望百年党史，我们党之所以能永葆先进性和纯洁性、不断发展壮大并始终充满生机活力，一

个重要法宝就在于坚持党的群众路线。坚持以人民为中心的价值取向，践行党的初心使命，必须始终保持党同人民群众的血肉联系，必须做到一切为了群众、一切依靠群众，从群众中来、到群众中去，必须全心全意为群众办实事、解难事，自觉自愿当好人民公仆；必须坚持问政于民、问需于民、问计于民，决不允许在群众面前自以为是、盛气凌人，决不允许当官做老爷、漠视群众疾苦，更不允许欺压群众、损害和侵占群众利益。党所有的政策措施和工作，都应该认真考虑和兼顾不同阶层、不同方面群众的利益，正确反映并有利于妥善处理各种利益关系。密切联系群众的对象是全体人民。当前，我国经济体制深刻变革，社会结构深刻变动，利益格局深刻调整，思想观念深刻变化，社会中不同群体的情况并不一样，要具体分析与他们保持血肉联系的方式方法，增强工作的针对性。

深入人民群众中进行调查研究，着力解决人民的发展问题。"知屋漏者在宇下，知政失者在草野。"坚持以人民为中心的发展思想，必须自觉拜人民为师，深入实际进行调查研究。没有调查就没有发言权，更没有决策权。党领导人民推进中国特色社会主义伟大事业，每时每刻都会遇到许多新情况新问题，要应对和解决这些新情况新问题，不可能从老祖宗那里找到现成答案。因此，党的各级领导干部必须深入实际、深入基层、深入群众，通过进行广泛深入的调查研究，不断从人民群众的实践中总结提炼经验。长期以来，我们党在密切联系群众方面形成了比较系统的制度、积累了比较成熟的经验，这些都应继续发扬。同时，要坚持与时俱进、有所创新，尤其要关注信息时代的新趋向，要善于从群众关注的焦点、百姓生活的难点中寻找改革切入点。对人民群众反映强烈的突出问题，坚决改、马上改；对事关战略全局、事关长远发展、事关人民福祉的紧要问题，科学统筹、优先解决。在新时代，人民日益增长的美好生活需要和不平衡不充分的发展之间的矛盾成为主要矛盾，保持党同人民群众的血肉联系，就要着力破解发展不平衡不充分问题，更好地促进人的全面发展、社会的全面进步，更好地满足人民群众在经济、政治、文化、社会、生态等方面日益增长的需要，使人民群众的获得感、幸福感、安全感不断增加，共享改革发展成果。

坚持发展是硬道理，切实维护和发展人民利益。人民的利益是由经济社会发展的各方面具体利益构成的。党同人民群众的血肉联系，不能只停留在口头上、止步于思想环节，需要各级党政机关干部和各行业人员具体落实到工作实践中。党把发展作为执政兴国的第一要务，坚持发展是硬道理，不断解放和发展社会生产力，不断提高发展质量和水平，不断满足人民过上美好生活的新期待。党的十八大以来，党坚持以人民为中心的发展思想，在促进共同富裕、实现公平正义上推出一系列开创性举措。从全面建成小康社会一个都不能少到抗击新冠肺炎疫情救治病患不惜一切代价，从打赢脱贫攻坚战、实施乡村振兴战略到推进以人为核心的新型城镇化，从"绿水青山就是金山银山"到"房子是用来住的、不是用来炒的"，从防止资本无序扩张到让人民群众在每一宗司法案件中感受到公平正义，人民享有了更多实实在在的发展成果。从根本上说，人民之所以需要党、热爱党、信任党，是因为党是人民的领路人、主心骨，是人民利益的代表者，是实现人民利益的根本保障。

总之，坚持以人民为中心的价值取向，体现了中国共产党人的根本政治立场和政治态度。习近平总书记指出："江山就是人民、人民就是江山，打江山、守江山，守的是人民的心。"全党必须牢记中国共产党是什么、要干什么这个根本问题，把人民利益放在心中最高位置，怀有真挚深厚的群众感情，以人民利益为最高标准，不断增进人民福祉，促进人的全面发展，团结带领人民为实现第二个百年奋斗目标、实现中华民族伟大复兴的中国梦而不懈奋斗。

第六章

坚持党的全面领导

坚持党的全面领导，既是党的十八大以来取得的最重要的成就之一，又是新时代党和国家事业取得历史性成就、发生历史性变革的最根本保证。《决议》指出："只要我们坚持党的全面领导不动摇，坚决维护党的核心和党中央权威，充分发挥党的领导政治优势，把党的领导落实到党和国家事业各领域各方面各环节，就一定能够确保全党全军全国各族人民团结一致向前进。"①回首过去，党的百年奋斗历程深刻证明了办好中国的事情关键在党；立足当下，奋力走好实现第二个百年奋斗目标新的赶考之路，最根本的是坚持党的全面领导。党政军民学，东西南北中，都要自觉坚持党的全面领导这个根本，都要坚决守好这个底线原则。

---

① 《中共中央关于党的百年奋斗重大成就和历史经验的决议》，人民出版社2021年版，第65页。

第一节 坚持党的全面领导的科学内涵

党的十八大以来，以习近平同志为核心的党中央，着眼国内国际两个大局，站在新时代坚持和发展中国特色社会主义的政治高度，深刻总结党的执政经验，对党的领导的性质、定位、作用做出一系列重大判断，系统阐述了坚持党的全面领导的重大意义、方向原则、体制机制、方式方法等重大问题，深入揭示了坚持党的全面领导的深刻寓意和丰富内涵。

一、 全面的、 系统的、 整体的领导

中国共产党作为最高政治领导力量，"党的领导必须是全面的、系统的、整体的"①。

坚持党的全面领导，关键在于"全面"两个字。全面的领导是指领导对象要全面覆盖，"党政军民学，东西南北中，党是领导一切的"，包括党领导人大、政府、政协、监察机关、审判机关、检察机关、武装力量、人民团体、企事业单位、基层群众性自治组织、社会组织等；领导内容要全面，必须贯彻到改革发展稳定、内政外交国防、治党治国治军等各个领域，体现到经济建设、政治建设、文化建

---

① 习近平：《毫不动摇坚持和加强党的全面领导》，《求是》2021 年第 18 期，第 11 页。

设、社会建设、生态文明建设和国防军队、祖国统一、外交工作、党的建设等各个方面；领导过程要全面，贯穿于治国理政的立法、决策、执行、管理、监督等各项工作之中，既制定路线方针政策，又协调各方、督促落实；领导方式要全面，就是总揽全局、协调各方，具体地讲，就是"把方向、谋大局、定政策、促改革"；领导方法要全面，通过制定大政方针，提出立法建议，推荐重要干部，进行思想宣传，发挥党组织和党员的作用等，实施党对国家和社会的领导。

特别需要注意的是，党的全面领导绝不是党要包办一切，什么事情都由党组织来干。毛泽东明确指出，所谓"党领导一切"并不等于包揽一切。领导一切是指大政方针的领导，而不是具体事务上的大包大揽。坚持和加强党的全面领导，不是事无巨细，"包打天下"，更不是要取代国家和政府的职能，而是要在全面依法治国的框架下，体现人民当家做主的原则，根据法律做出制度安排，发挥党总揽全局、协调各方的领导核心作用，实施对国家政权体系强有力的引领。

系统的领导是指按照系统论的科学方式方法实施领导。习近平总书记一再强调，系统观念是具有基础性的思想和工作方法，必须站在时代和全局的高度，坚持系统谋划、统筹推进党和国家各项事业。坚持党的全面领导并不是将党在各领域、各方面的领导简单相加，也不是"拼盘式"的"偶然凑合"，而是按照系统观念的要求，即从联系的、发展的、协同的观念出发，将党的领导看作是一个有机的系统体系来总体把握。在党的系统领导中，每一个领域、层次、地区的党的领导都不是孤立的，而是牵一发而动全局的。坚持党的系统领导，要求党员领导干部提高政治站位、增强"四个意识"，从全局着眼看局部，做到贯彻党中央重大决策部署不做选择不搞变通不打折扣；要深刻领悟统筹兼顾具有的科学方法论意义，善于在工作中"弹钢琴"，保障党始终总揽全局、协调各方，在统筹兼顾中做好动态平衡、整体推进。

整体的领导是指从党的中央组织到地方组织再到基层组织，都要按照党章的规定发挥应有的作用，党的领导作用要体现到治国理政的全过程，领导功能的发挥要完整。《中国共产党章程》第十条规定："党是根据自己的纲领和章程，按照民主集中制组织起来的统一整体。"[1] 中国共产党作为先进的马克思主义政党，不是散漫的政治俱乐部，而是按照民主集中制组织起来的坚强统一的整体。一个时期以来，党内存在个人主义、分散主义、自由主义等问题，从认识论根源上讲，都是因为没有清醒地认识到党的领导是党中央集中统一领导下的整体领导，而不是"个人""局部"的领导。我们党是拥有9600多万名党员、490多万个基层党组织的世界第一大党，"如果党中央没有权威，党的理论和路线方针政策可以随意不执行，大家各自为政、各行其是，想干什么就干什么，想不干什么就不干什么，党就会变成一盘散沙，就会成为自行其是的'私人俱乐部'，党的领导就会成为一句空话"[2]。因此，坚持党的领导的最高原则是坚决维护党中央权威和集中统一领导，加强和捍卫党中央权威和集中统一领导是全党共同的政治责任。

全面、系统、整体三者融为一体，不可偏废，"哪个领域、哪个方面、哪个环节缺失了弱化了，都会削弱党的力量，损害党和国家事业"[3]。

① 法律出版社法规中心：《最新常用党内法规》，法律出版社2019年版，第20—21页。
② 习近平：《习近平谈治国理政》第2卷，外文出版社2017年版，第21页。
③ 习近平：《毫不动摇坚持和加强党的全面领导》，《求是》2021年第18期，第11页。

全面领导贵在全面，重点是全覆盖，目的是实现坚强有力。强调坚持党的全面领导，体现了党在新时代的历史责任担当，赋予了党更大的责任，对党的领导提出了更高要求，即要求党的领导理念必须更加先进，领导方式和领导体制更加科学，领导绩效更加卓越，领导国家治理体系和治理能力现代化的水平更高、能力更强，确保党始终总揽全局、协调各方，充分发挥领导核心作用。

二、 坚决维护党的核心和党中央权威

坚决维护党的核心和党中央权威，是党的百年奋斗的重要历史经验，是党能够成功和继续成功的根本政治优势，是坚持党的全面领导的核心要义。党的百年奋斗历程充分证明，什么时候全党坚定维护党的核心和党中央权威，党的领导就会加强，党的事业就不断取得胜利；反之，党的领导就会弱化，党的事业就会遭受挫折。

党中央和全党有一个坚强的核心，是我们党成熟的重要标志，也是我们党的重要经验。按照党的领导的根本制度安排，在党的组织制度中，党的全国代表大会和它所产生的中央委员会是党的最高领导机关，中央委员会、中央政治局、中央政治局常务委员会是党的组织体系的大脑和中枢，习近平总书记是党中央的核心、全党的核心。

实践证明，习近平总书记是经过历史检验、实践考验、斗争历练的当之无愧的党的核心，是赢得全党全国人民衷心拥护爱戴的人民领袖，是实现中华民族伟大复兴的领路人。党的十八届六中全会正式确立习近平总书记党中央的核心、全党的核心地位，党的十九大把习近平总书记党中央的核心、全党的核心写入党章，《决议》进一步指出：

"党确立习近平同志党中央的核心、全党的核心地位，确立习近平新时代中国特色社会主义思想的指导地位，反映了全党全军全国各族人民共同心愿，对新时代党和国家事业发展、对推进中华民族伟大复兴历史进程具有决定性意义。"① 这是对我们党宝贵传统的继承，是维护党中央权威、维护党的团结和集中统一领导的迫切需要和根本保证，对于保证党和国家事业兴旺发达、长治久安具有十分重大而深远的意义。

在国家治理体系的大棋局中，党中央是坐镇中军帐的"帅"，发挥"总揽全局、协调各方"和"举旗定向、掌舵领航"作用。党中央重大决策部署，是全党全军全国各族人民统一思想、统一意志、统一行动的依据。习近平总书记指出："我们这么大一个党、这么大一个国家，如果没有党中央定于一尊的权威，党中央决定了的事都不去照办，还是各说各的话、各做各的事，那就什么事情也办不成了。"② 因此，坚持党的全面领导，首要的、根本的是坚决维护习近平总书记的核心地位，坚决维护党中央权威和集中统一领导，这是党的领导的最高原则。

"两个维护"本质上是一体的。维护习近平总书记核心地位，就是维护党中央权威和集中统一领导；维护党中央权威和集中统一领导，首先要维护习近平总书记核心地位。在实现第二个百年奋斗目标新的赶考之路上，只有坚决做到"两个维护"，才能把全党全国人民的思想意志、智慧力量凝聚起来，万众一心、勠力奋斗，成功应对重大挑战、抵御重大风险、克服重大阻力、化解重大矛盾、解决重大问

① 《中共中央关于党的百年奋斗重大成就和历史经验的决议》，人民出版社2021年版，第26页。
② 习近平：《习近平谈治国理政》第3卷，外文出版社2020年版，第166—167页。

题。

三、 贯彻落实民主集中制

贯彻落实民主集中制是坚持党的全面领导的根本保证。民主集中制是马克思主义政党区别于其他政党的重要标志，是我们党的根本组织原则和领导制度，是我们党始终维护团结统一、做出科学决策、凝聚前进力量的制胜法宝。1935 年 1 月，在红军长征途中召开的遵义会议，是一次在高度民主基础上达成高度集中的真正体现民主集中制原则的会议。这次会议坚持独立自主，按照民主集中制原则做出一系列重大决策，经过明辨是非后在思想认识上达成了团结统一，解决了党内所面临的最迫切、最急需解决的问题，既纠正了错误，又团结了同志，堪称我们党早期实行民主集中制的典范。

民主集中制是民主基础上的集中和集中指导下的民主相结合的制度。民主是正确集中的前提和基础，离开民主讲集中，集中就会异化为个人专权专断。集中是民主的必然要求和归宿，离开集中搞民主，就会导致极端民主化和无政府状态。只有把民主和集中有机统一起来，才能拧成一股绳、握成一个拳头，推动事业不断向前发展。作为党的领导制度，民主集中制反映了领导者与被领导者、上级组织与下级组织、党的整体与党员个人的关系，以及党的中央组织、各级组织与党员群众的关系，确立了党和国家政治生活的运行机制。贯彻落实民主集中制，就要不断完善发展党内民主和实行正确集中的相关制度，在充分发扬民主的基础上进行集中，坚持党中央权威和集中统一领导，集中全党智慧，体现全党共同意志，凡属重大问题必须按照集体领导、民主集中、个别酝酿、会议决定的原则，由集体讨论并按少数服从多数做出决定；充分调动人大、政府、政协的积极性，充分发挥民主党派、工商联和无党派人士的积极作用，充分发挥各人民团体的作用，形成各方面工作合力；坚持科学、民主、依法决策，建立健全领导、专家、群众相结合的决策机制，广泛听取各方面意见。这样坚持用民主集中制原则实现党的全面领导，既可以最大限度激发全党创造活力，又可以统一全党思想和行动，有效防止和克服议而不决、决而不行、行而不实的分散主义、本位主义，形成推进党和国家事业发展的强大合力，真正把民主集中制的优势变为我们党的政治优势、组织优势、制度优势、工作优势。

四、 确保党始终总揽全局、 协调各方

确保党始终总揽全局、协调各方，准确概括了党的全面领导的基本定位，是坚持党的全面领导必须遵循的重要原则。坚持和加强党的全面领导不是空洞的、抽象的，而是具体的、实实在在的，必须找准"总揽全局、协调各方"的功能定位。"总揽全局"是党在政治力量格局中核心地位的体现，是"最高政治力量"的必然要求。"协调各方"则体现了党总揽全局、实施领导的工作着力点。习近平总书记以"众星捧月""中军之帅"，形象生动地阐明了党"总揽全局、协调各方"的领导核心地位和作用。党中央发挥"总揽全局、协调各方"的作用，体现在统揽各项工作，整体推进党和国家各方面事业；体现在统揽各方力量，领导各级各类组织和广大党员、干部、群众一体行动；体现在统揽国家治理，坚持和完善中国特色社会主义制度、推进

国家治理体系和治理能力现代化。确保党始终总揽全局、协调各方作为新时代的关键抉择，最重要的是每一个党组织、每一名党员干部，无论处在哪个领域、哪个层级、哪个部门和单位，都要深刻领悟"两个确立"的决定性意义，增强"四个意识"、坚定"四个自信"、做到"两个维护"，坚决维护党的核心和党中央权威，自觉在思想上政治上行动上同以习近平同志为核心的党中央保持高度一致。

五、 用习近平新时代中国特色社会主义思想武装全党

这是新时代坚持党的全面领导的根本思想保证。无产阶级政党的先进性首先来源于理论指导的先进性。党的十八大以来，以习近平同志为主要代表的中国共产党人，坚持把马克思主义基本原理同中国具体实际相结合、同中华优秀传统文化相结合，坚持毛泽东思想、邓小平理论、"三个代表"重要思想、科学发展观，深刻总结并充分运用党成立以来的历史经验，从新的实际出发，创立了习近平新时代中国特色社会主义思想，实现了马克思主义中国化时代化新的飞跃。在这一科学思想的正确指引下，党团结带领人民自信自强、守正创新，创造了新时代中国特色社会主义的伟大成就，中华民族迎来了从站起来、富起来到强起来的伟大飞跃。党和国家事业取得的历史性成就、发生的历史性变革，以无可辩驳的事实充分彰显了习近平新时代中国特色社会主义思想的科学性、真理性，深刻展现了这一马克思主义中国化最新成果凝心聚魂、引领实践的磅礴力量。

以习近平新时代中国特色社会主义思想统一思想和行动是坚持党的全面领导的铸魂之举。习近平新时代中国特色社会主义思想来自新

时代的伟大实践，反映新时代的本质内涵，体现新时代的时代精神，是新时代的思想结晶和理论形态。思想领导是党的全面领导的灵魂，理论武装是最强大的武装。学好用好习近平新时代中国特色社会主义思想，是坚持党的全面领导的根本建设。党的十九大将习近平新时代中国特色社会主义思想确立为我们党的行动指南，立起了新时代的思想旗帜。《决议》对习近平新时代中国特色社会主义思想做了进一步的概括和阐述，强调确立习近平新时代中国特色社会主义思想指导地位的重大意义。新时代坚持党的全面领导，首先必须全面贯彻习近平新时代中国特色社会主义思想，更好地用习近平新时代中国特色社会主义思想武装头脑、指导实践、推动工作，始终坚持正确前进方向、科学把握发展规律、牢牢赢得历史主动，在新征程上推进党和国家事业、推进中华民族伟大复兴。

第二节 新时代的首要成就

党的十八大以来，习近平总书记亲自谋划、亲自部署、亲自推动坚持和加强党的全面领导，指引新时代党的领导得到全面加强。党把方向、谋大局、定政策、促改革的能力和定力得到不断增强，党总揽全局、协调各方的领导核心作用得到充分发挥，解决了许多长期想解决而没有解决的难题，办成了许多过去想办而没有办成的大事，党和国家事业取得历史性成就、发生历史性变革。《决议》从十三个方面总结了新时代中国特色社会主义的伟大成就，其中的首要成就就是在坚持党的全面领导方面。可以说，坚持党的全面领导作为坚持和发展中国特色社会主义的必由之路，是党的十八大以来采取的重大举措、取得的首要成就，为党和国家事业取得历史性成就、发生历史性变革提供了最根本保证。

一、坚持和发展中国特色社会主义的必由之路

只有端起历史的望远镜，才能找到中国特色社会主义成功的密码所在。回望来路，无论是创造经济发展奇迹，成为世界第二大经济体，还是持续向贫困宣战，解决千百年来困扰中华民族的绝对贫困问题；无论是提出小康社会目标，不断改善人民生活，还是全面建成小康社会，开启全面建设社会主义现代化国家新征程：中国特色社会主义取得的一切进步和成就，其根本就在于始终坚持党的全面领导。新征程上，不知还要经历多少风雨、克服多少难关，夺取新时代中国特色社会主义新胜利，从根本上讲要靠党的全面领导这个"定海神针"。

党的全面领导与中国特色社会主义同向共进。党的全面领导，为坚持和发展中国特色社会主义集聚了强大凝聚力、激发了强大创造力、形成了强大战斗力，开创了中国特色社会主义道路，形成了中国特色社会主义理论，确立了中国特色社会主义制度，发展了中国特色社会主义文化，书写了精彩的"中国故事"，创造了发展的"中国奇迹"，塑造了崭新的"中国形象"，使社会主义中国焕发出了勃勃生机，走出了一条中国特色社会主义的成功之路。党的百年奋斗历程表明，中国特色社会主义事业与党的命运是紧密相连的，党是中国特色社会主义事业的领导核心，中国特色社会主义事业的蓬勃发展也推动

着党不断发展壮大。党兴则中国特色社会主义事业兴，党强则中国特色社会主义强；中国特色社会主义事业越是发展进步，党越是发展壮大。

2022 年 3 月 5 日，习近平总书记在参加十三届全国人大五次会议内蒙古代表团审议时指出："只要坚定不移坚持党的全面领导、维护党中央权威和集中统一领导，我们就一定能够确保全党全国拥有团结奋斗的强大政治凝聚力、发展自信心，集聚起守正创新、共克时艰的强大力量，形成风雨来袭时全体人民最可靠的主心骨。"[1] 可以说，习近平总书记的这番话说出了全体中国人民的心声。

二、 新时代坚持党的全面领导的主要举措

坚持党的全面领导，既是党的十八大以来以习近平同志为核心的党中央坚持和加强党的全面领导的实践经验总结，又是面向新时代，确保党始终把牢中国前进方向、始终成为中国特色社会主义事业坚强领导核心而做出的重大战略部署。在坚持党的全面领导这个问题上，曾一度存在一些模糊甚至错误的认识和做法。《决议》指出，新时代之初，"党内也存在不少对坚持党的领导认识模糊、行动乏力问题，存在不少落实党的领导弱化、虚化、淡化、边缘化问题，特别是对党中央重大决策部署执行不力，有的搞上有政策、下有对策，甚至口是心非、擅自行事"[2]。这些问题严重冲击着党的全面领导。针对这种情况，习近平总书记亲自谋划，亲自部署，亲自推动坚持和加强党的全

---

① 《坚持党的全面领导是坚持和发展中国特色社会主义的必由之路》，《人民日报》2022 年 3 月 11 日。
② 《中共中央关于党的百年奋斗重大成就和历史经验的决议》，人民出版社 2021 年版，第 27 页。

面领导，以巨大的政治勇气、强烈的责任担当、顽强的意志品质，采取一系列举措坚持和加强党的全面领导，纠正了一个时期以来的模糊和错误认识，扭转了一些地方和部门存在的党的领导弱化、党的建设缺失现象，使新时代党的领导得到全面加强，党把方向、谋大局、定政策、促改革的能力和定力得到不断增强，党总揽全局、协调各方的领导核心作用得到充分发挥，为新时代推进中国特色社会主义伟大事业提供了根本保证。

（一）认识上正本清源

针对一度存在的对于坚持党的全面领导认识模糊问题，对党的领导语焉不详甚至没有前提地讲党政分开问题，习近平总书记以马克思主义政治家的历史自觉和雄韬伟略，正本清源、一锤定音，强调指出："中国共产党是中国特色社会主义事业的领导核心，所以必须加强和改善党的领导，充分发挥党总揽全局、协调各方的领导核心作用。""中国共产党领导是中国特色社会主义最本质的特征，是中国特色社会主义制度的最大优势。""党政军民学，东西南北中，党是领导一切的，是最高的政治领导力量。""中国最大的国情就是中国共产党的领导。""我们治国理政的本根，就是中国共产党的领导和我国社会主义制度。在这一点上，必须理直气壮、旗帜鲜明。""中国共产党是执政党，党的领导是做好党和国家各项工作的根本保证，是我国政治稳定、经济发展、民族团结、社会稳定的根本点，绝对不能有丝毫动摇。""坚持和加强党的全面领导，关系党和国家前途命运，我们的全部事业都建立在这个基础之上，都根植于这个最本质特征和最大优势。"这些重要论述深刻阐明了坚持党的全面领导的极端重要性，澄清了重大理论是非，纠正了错误认识，为统一全党全国人民思想提供了理论指南。

党的十八大以来，习近平总书记对于坚持党的全面领导说了很多"新话"，提出了一系列原创性思想，如提出中国特色社会主义最本质的特征是中国共产党领导，揭示了两者之间的内在逻辑和互动规律；强调党的领导是党和国家的根本所在、命脉所在，是全国各族人民的利益所系、命运所系，阐明了坚持党的全面领导的重大意义；强调保证党的团结统一是党的生命，党中央集中统一领导是党的领导的最高原则，加强和维护党中央集中统一领导是全党共同的政治责任，这就阐明了坚持党的全面领导的重大原则；强调党的领导是全面的、系统的、整体的，要充分发挥党的领导核心作用，这就阐明了坚持党的全面领导的体制机制；强调旗帜鲜明讲政治以及全党服从中央，这就阐明了坚持党的全面领导的方式方法；等等。这些原创性思想创新性发展了马克思主义关于党的领导学说。

（二）行动上精准发力

党的十八大以来，以习近平同志为核心的党中央在坚持党的全面领导上采取了一系列变革性举措。"党的十八届六中全会通过关于新形势下党内政治生活的若干准则，党中央出台中央政治局加强和维护党中央集中统一领导的若干规定，严明党的政治纪律和政治规矩，防止和反对个人主义、分散主义、自由主义、本位主义、好人主义等，发展积极健康的党内政治文化，推动营造风清气正的良好政治生态。""党健全党的领导制度体系，完善党领导人大、政府、政协、监察机关、审判机关、检察机关、武装力量、人民团体、企事业单位、基层群众性自治组织、社会组织等制度……保证全党在政治立场、政治方向、政治原则、政治道路上同党中央保持高度一致。"① 具体说来，主要有以下方面。

一是强化党的政治建设。习近平总书记在党史学习教育动员大会上的重要讲话中指出："旗帜鲜明讲政治、保证党的团结和集中统一是党的生命，也是我们党能成为百年大党、创造世纪伟业的关键所在。"② 这充分说明了党的团结与集中统一是百年大党成功的重要经验。保证全党服从中央，坚持党中央权威和集中统一领导，是党的政治建设的首要任务。坚持和加强党的全面领导，最重要的是维护以习近平同志为核心的党中央权威和集中统一领导。牢固树立"四个意识"，自觉在思想上政治上行动上同党中央保持高度一致，是党的全面领导最集中的体现，也是坚持和加强党的全面领导最重要的要求。针对一段时间以来落实党的领导弱化、虚化、淡化、边缘化问题，特别是对党中央重大决策部署执行不力，搞上有政策、下有对策，甚至口是心非、擅自行事等问题，以习近平同志为核心的党中央把党的政治建设摆在首位，全力推进党的政治建设，制定通过了《关于新形势下党内政治生活的若干准则》《中共中央关于加强党的政治建设的意见》等，为加强党的政治建设提供了重要遵循。完善推动党中央重大决策落实机制，严明政治纪律和政治规矩，强化政治监督，深化政治巡视，坚决防止和反对个人主义、分散主义、自由主义、本位主义、好人主义等，旗帜鲜明整治"七个有之"，严厉查处违背党的路线方针政策、破坏党的集中统一领导问题，清除"两面人"，特别是果断

---

① 《中共中央关于党的百年奋斗重大成就和历史经验的决议》，人民出版社 2021 年版，第 28—29 页。
② 习近平：《在党史学习教育动员大会上的讲话》，《求是》2021 年第 7 期，第 14 页。

查处秦岭、祁连山、青海木里等在环境整治中阳奉阴违的案件，产生了重大警示作用，有力推动了党的全面领导、党中央集中统一领导的落实落地，确保党始终把牢中国前进方向、始终成为中国特色社会主义事业的坚强领导核心。

二是加强坚持党的全面领导的组织体系建设。党的力量来自组织，组织能使力量倍增，党的全面领导、党的全部工作要靠党的坚强组织体系去实现。党的百年历程，既是一部可歌可泣的奋斗史，也是一部注重组织体系建设的马克思主义政党发展史。党是按照马克思主义建党原则建立起来的，形成了包括党的中央组织、地方组织、基层组织在内的严密组织体系，这是世界上任何其他政党都不具有的强大优势。在党的组织体系中，中央组织是大脑中枢，具有定于一尊、一锤定音的权威；地方组织作为四肢躯干，根本任务是确保党中央决策部署贯彻落实，有令即行、有禁即止；基层组织是神经末梢，是党执政大厦的地基。特别需要注意的是，党组在党的组织体系中具有特殊地位，起着贯彻落实党中央和上级党组织决策部署，发挥把方向、管大局、保落实的重要作用。进入新时代、开启新征程，我们党把组织体系建设作为坚持和强化党的全面领导的重要举措，通过加强党的组织体系建设，扩大组织覆盖、加强组织管理、严格组织生活、严明组织纪律，推动各级党组织强化政治自觉、保持政治定力，推动党员干部强化党的意识和组织观念，思想上认同组织、政治上依靠组织、工作上服从组织、感情上信赖组织，为坚持和加强党的全面领导提供了强有力的组织保证。

三是推进坚持党的全面领导的制度体系建设。党中央围绕"五位一体"总体布局、"四个全面"战略布局以及外交、国防、"一国两制"等，建立健全落实党的全面领导的一系列重要制度、具体制度，从制度上把党的全面领导落实到党和国家事业发展与国家治理现代化的各领域各方面各环节。明确党的领导制度是我国的根本领导制度，对坚持和完善党的领导制度体系做出全面部署，制定或修订了《中共中央政治局关于加强和维护党中央集中统一领导的若干规定》《中国共产党组织工作条例》《中国共产党重大事项请示报告条例》等一系列党内法规。党的十九大将"中国共产党的领导是中国特色社会主义最本质的特征，是中国特色社会主义制度的最大优势"写入党章总纲，并把"坚持党对一切工作的领导"列在新时代中国特色社会主义基本方略"十四个坚持"的第一条；2018年3月，十三届全国人大一次会议审议通过宪法修正案，把"中国共产党领导是中国特色社会主义最本质的特征"载入宪法总纲；2019年10月，党的十九届四中全会把"坚持党的集中统一领导"列为我国国家制度和国家治理体系的第一个显著优势，并就坚持和完善党的领导制度体系做出部署，这使得党在中国特色社会主义事业中的领导核心地位更加明确。党的全面领导制度体系的建立健全，为新时代坚持党的全面领导提供了更加完善的制度保证，并转化为国家治理的制度优势，使中国特色社会主义制度彰显出更加强大的生机活力。

四是健全体现和落实党的全面领导的工作机制。以加强党的全面领导为重要原则，深化党和国家机构改革，调整重组优化数十个部门，使党和国家组织结构和管理体制实现系统性、整体性重构。在全面深化改革、全面依法治国、财经、外事、国家安全、军民融合、网信、审计等事关民族复兴的重要领域，党中央都组建顶层机构，习近平总书记亲自挂帅，负责重大工作的顶层设计、总体布局、统筹协调、整体推进。做出一系列保证党的全面领导的重大制度性安排：中央书记处和中央纪律检查委员会、全国人大常委会党组、国务院党组、全国政协党组、最高人民法院党组、最高人民检察院党组每年向中央政治局常委会、中央政治局报告工作，中央政治局同志每年向党中央和习近平总书记书面述职等。

三、　新时代坚持党的全面领导取得的重大成就

党的十八大以来，我们在坚持党的全面领导方面取得了突破性进展、标志性成果，即"党中央权威和集中统一领导得到有力保证，党的领导制度体系不断完善，党的领导方式更加科学，全党思想上更加统一、政治上更加团结、行动上更加一致，党的政治领导力、思想引领力、群众组织力、社会号召力显著增强"[1]。坚持党的全面领导成为战胜一切困难和风险的"定海神针"。

（一）党的全面领导得到全面加强

党的十八大以来，习近平总书记亲自谋划、亲自部署、亲自推动坚持和加强党的全面领导，通过一系列重大制度安排和根本性、开创性、重塑性举措，党中央权威和集中统一领导得到有力保证，党中央作为全党的大脑和中枢，具有定于一尊、一锤定音的权威；党的领导制度体系不断完善，党的领导方式更加科学，党把方向、谋大局、定政策、促改革的能力持续提升，党总揽全局、协调各方的领导核心作

---

[1]《中共中央关于党的百年奋斗重大成就和历史经验的决议》，人民出版社 2021 年版，第 29 页。

用充分发挥，党的领导更加适应实践、时代、人民的要求，全党思想上更加统一、政治上更加团结、行动上更加一致，党的政治领导力、思想引领力、群众组织力、社会号召力显著增强。全党同志通过深入学习习近平总书记关于坚持党的全面领导、党中央集中统一领导的重要论述，对比党的十八大前后的实际，更加深刻地认识到新时代党和国家事业取得历史性成就、发生历史性变革，根本原因就在于我们坚持党的全面领导不动摇，坚持党中央权威和集中统一领导不动摇，也使全党同志对坚持党的全面领导从理论上更加清醒、认识上更加自觉、行动上更加坚定。

（二）为取得历史性成就提供了根本保证

党的全面领导为中国特色社会主义提供了方向引领和思想指导，凝聚起了亿万人民的集体智慧，汇聚起了全体中华儿女建设中国特色社会主义的实践伟力，保证了集中力量办大事的社会主义制度优势的充分发挥，以强大的组织力保障了中国特色社会主义各项事业稳步有序开展。党的十八大以来党和国家事业在攻坚克难中不断取得的巨大成就，特别是在反对腐败、应对贸易摩擦、脱贫攻坚、抗击新冠肺炎疫情等重大斗争中取得的举世瞩目的成就，充分彰显了党的全面领导、党中央集中统一领导的制度优势。

"千磨万击还坚劲，任尔东西南北风。"在全面建设社会主义现代化强国、实现中华民族伟大复兴的新征程上，我们要以习近平新时代中国特色社会主义思想为指引，毫不动摇地坚持和加强党的全面领导，确保中国特色社会主义事业的航船乘风破浪、行稳致远，"继续在人类的伟大时间历史中创造中华民族的伟大历史时间"。

第三节　坚持党的全面领导的实践要求

总结党的百年奋斗重大成就和历史经验可知，党之所以能够战胜各种风险与挑战，在一场场历史性考试中经受住考验，最根本的原因就在于坚持党的全面领导。如今，我们比历史上任何时期都更接近、更有信心和能力实现中华民族伟大复兴的目标。同时，我们也更清醒地认识到，我国仍处于并将长期处于社会主义初级阶段，前进道路上仍然存在难以预料的各种风险挑战，奋力走好实现第二个百年奋斗目标新的赶考之路，必须进一步坚持和加强党的全面领导。

一、 切实以 "两个确立" 统一思想行动

党的百年奋斗充分证明，坚强的领导核心和科学的理论指导，是关乎党和国家前途命运、党和人民事业成败的根本性问题，也是关乎党的全面领导能否始终得到坚持和加强的根本性问题。

船重千钧，掌舵一人。党的十八大以来，习近平总书记以"我将无我，不负人民"的使命担当，引领"中国号"巨轮涉险滩、战恶浪，推动党和国家事业取得历史性成就、发生历史性变革，中华民族伟大复兴进入不可逆转的历史进程，展现了马克思主义政治家的恢宏气魄、远见卓识、雄韬伟略，展现了大党大国领袖的政治智慧、战略定力、使命担当、为民情怀、领导艺术，赢得了全党全军全国各族人

民的衷心爱戴和高度信赖，成为众望所归、当之无愧的党的核心、人民领袖、军队统帅。

习近平新时代中国特色社会主义思想的创立，阐明了中国特色社会主义最本质的特征是中国共产党领导，中国特色社会主义制度的最大优势是中国共产党领导。习近平总书记作为习近平新时代中国特色社会主义思想的主要创立者，对关系新时代党和国家事业发展的一系列重大理论和实践问题进行了深邃思考和科学判断，提出了一系列原创性的治国理政新理念新思想新战略，为新时代党和国家事业发展提供了与时俱进的指导思想和行动指南。

党的十八大以来，我们党在坚持党的全面领导这一重大问题上之所以能够取得历史性成就，根本在于有以习近平同志为核心的党中央领航掌舵，有习近平新时代中国特色社会主义思想指引航向。正是缘于此，党的十九届六中全会旗帜鲜明地提出"两个确立"，即确立习近平同志党中央的核心、全党的核心地位，确立习近平新时代中国特色社会主义思想的指导地位，充分反映了全党全军全国各族人民的共同心愿。

作为新时代党和国家事业发展的最重大成就和最鲜明标志，"两个确立"不仅对新时代党和国家事业发展、对推进中华民族伟大复兴历史进程具有决定性意义，也为坚持党的全面领导构筑了根本前提。我们对于"两个确立"，必须增强理性认同、情感认同。只有从理性上认识到"两个确立"对于全党全国各族人民的伟大事业具有不可替代的必要性和重要性，在情感上认同"两个确立"，实现由"知"到"情"再到"行"的转化，才能把加强党的全面领导落到实处。只有在理性认同与情感认同的交融中，对"两个确立"形成共识、产生共鸣，最终才能生成坚持和捍卫"两个确立"的强大精神动力。广大党员干部要加强学习，从历史和现实、理论和实践、国内和国际的结合上深化认识、强化认同，不断提高衷心拥护"两个确立"的思想自觉与行动自觉。

更重要的是，要将坚持"两个确立"体现在行动上，落实在实践中。对于一个国家、一个政党来说，领导核心至关重要，拥有科学理论的政党才拥有真理的力量，拥有科学理论指导的事业才拥有光明的前途。广大党员特别是党员领导干部要把"两个确立"体现在坚决贯彻党中央决策部署的行动上，体现在履职尽责、做好本职工作的实效上，体现在党员干部的日常言行上。在实践中，我们要自觉以习近平新时代中国特色社会主义思想为指导，把"两个确立"贯彻到党和国家工作的全过程各方面，坚决贯彻落实以习近平同志为核心的党中央的各项决策部署，自觉在思想上政治上行动上同以习近平同志为核心的党中央保持高度一致。

二、坚决做到"两个维护"

"两个维护"作为党的十八大以来党的重大政治成果和宝贵政治经验，体现了我们党对民主集中制的创造性运用，是党最根本的政治纪律和政治规矩，是党和人民的共同认识和自觉行动。

沧海横流显砥柱，万山磅礴看主峰。毛泽东曾形象地说："一个桃子剖开来有几个核心吗？不，只有一个核心。"[①] 一个国家、一个政

①《十九大党章学习手册》，人民出版社 2017 年版，第 175 页。

党，领导核心至关重要。我们党百年的历史和实践反复证明了这样一个颠扑不破的真理：有没有一个成熟稳定的领导核心，能不能确保党中央权威和集中统一领导，关乎党的事业兴衰成败，关乎党的前途命运。

核心是思想上的灵魂、政治上的旗帜、行动上的统帅。习近平总书记党中央的核心、全党的核心地位，是在新的伟大斗争实践中形成的。党的十八大以来，正是因为确立了习近平同志党中央的核心、全党的核心地位，党的面貌、国家的面貌、人民的面貌、军队的面貌、中华民族的面貌才发生了前所未有的变化。确立习近平同志党中央的核心、全党的核心地位，是时代呼唤、历史选择、民心所向。坚决维护习近平同志党中央的核心、全党的核心地位，全党就有定盘星，全国人民就有主心骨，中华"复兴"号巨轮就有掌舵者。

事在四方，要在中央。全党有核心、党中央有权威，党才能团结、才能有力量。全党没有核心、党中央没有权威，各自为政，也就谈不上党的团结和集中统一领导，那就会是一盘散沙，就会一事无成。因此，坚持党的全面领导，最重要、最根本的就是要坚持和维护党中央权威和集中统一领导，保证全党服从中央。这既是全党共同的政治责任，也是坚持党的全面领导的最根本尺度。

党的十八大以来，面对波谲云诡的国际形势、艰巨繁重的改革发展稳定任务，我们党之所以能够带领全国人民战疫情、抗洪涝，促改革、推开放，抓脱贫、惠民生，保增长、稳大局，在中华大地上历史性地解决绝对贫困问题，创造一个又一个彪炳史册的人间奇迹，根本原因就在于习近平新时代中国特色社会主义思想的科学指导，在于以习近平同志为核心的党中央的全面领导、坚强领导。因此，以习近平同志为核心的党中央明确提出"两个维护",要求全党坚决做到"两个维护",充分反映了全党的共同意志和人民的共同心声。

"两个维护"的提出,推动全党深刻地认识到:坚持党的全面领导,首先就是要坚决做到"两个维护",增强做到"两个维护"的政治自觉、思想自觉和行动自觉,这是最重要的政治纪律和政治规矩。特别需要指出的是,"两个维护"的内涵是特定的,既不能层层套用,也不能随意延伸。维护习近平总书记核心地位,对象是习近平总书记而不是其他任何人,维护党中央权威和集中统一领导,对象是党中央而不是其他任何组织;"两个维护"是具体的,不是抽象的,不仅要体现在政治态度、政治立场上,更要体现在维护能力和维护效果上,要以正确的认识和行动做到"两个维护"。

三、 进一步健全党的全面领导制度体系

习近平总书记一再强调:"加强党对一切工作的领导,这一要求不是空洞的、抽象的,要在各方面各环节落实和体现。"党的二十大报告强调指出:"党的领导是全面的、系统的、整体的,必须全面、系统、整体加以落实。"[①] 坚持党的全面领导,使党的领导有效有力,关键在于坚持和完善党的领导制度体系,确保党始终总揽全局、协调各方。只有坚持不懈健全和完善总揽全局、协调各方的党的领导制度体系,才能确保全党深刻领悟"两个确立"的决定性意义,增强"四个意识"、坚定"四个自信"、做到"两个维护",切实把党的全

---

① 习近平:《高举中国特色社会主义伟大旗帜 为全面建设社会主义现代化国家而团结奋斗——在中国共产党第二十次全国代表大会上的报告》,人民出版社 2022 年版,第 64 页。

面领导落实到党和国家事业发展的各领域各方面各环节。

健全落实民主集中制各项具体制度。结合新时代的新要求，坚持民主基础上的集中和集中指导下的民主相结合，把党的代表大会制度、党的委员会制度、党内选举制度、党的集体领导制度、党内监督制度、党的组织生活制度、党员权利保障制度、党的协商制度等民主集中制的各项具体制度，落实到党内政治生活和具体工作中，并结合社会发展的新情况、新问题，从内容、形式、载体、方法、手段等方面，不断推动民主集中制的创新和发展。

完善党领导各项事业的具体制度。党领导各项事业的具体制度，是各个领域、各个行业必须严格执行的工作指针，必须不折不扣地执行到位，不能搞变通，更不能推三阻四。党的十八大以来，党中央从干部选拔、领导班子建设、议事决策、重大决策落实、严格执行请示报告制度、强化政治监督、深化政治巡视等方面入手，深化、细化、实化党的领导制度的配套机制。在新征程上，要按照《决议》的要求，进一步完善党领导人大、政府、政协、监察机关、审判机关、检察机关、武装力量、人民团体、企事业单位、基层群众自治组织、社会组织等制度，确保党在各种组织中发挥领导作用，切实把党的全面领导落实到统筹推进"五位一体"总体布局、协调推进"四个全面"战略布局各方面。

健全权威高效的制度执行机制。"天下之事，不难于立法，而难于法之必行。"制度的生命力在于执行，执行的力度有多大，制度的权威就有多大。强大而持续的执行力，要靠健全而长效的执行机制。一是强有力的激励和约束机制。对制度执行好的地方、单位和个人予以表彰奖励，对不执行制度、违反制度、破坏制度、有令不行、有禁不止的要严肃查处、严肃问责，在制度执行中绝不留"暗门"、开"天窗"，坚决防止制度执行的虚化和空转。二是领导干部率先垂范的榜样带动机制。领导干部与执行制度的关联度最密切，如果领导干部带头不执行制度，就会产生"破窗效应"，带来很坏的影响。因此，只有领导干部率先垂范，带头维护制度权威，做制度执行的表率，才能有效带动全党全社会自觉尊崇制度、严格执行制度、坚决维护制度，党的全面领导制度才能起到应有的作用。三是营造优良的制度文化。制度与文化存在天然的联系。制度的执行机制建设从根本上说，还是一个文化问题。制度作为一种行为规范，提倡什么、反对什么，映射的是一个社会的价值导向，制度执行过程中出现的诸多问题都可以从文化上找到归因。因此，要把对党的全面领导制度的宣传教育作为党的宣传思想工作的重要内容，加强对全体党员干部尤其是领导干部的宣传教育，使广大党员干部深刻认识党的全面领导制度与国家治理、民族复兴、人民幸福的内在关系，推动形成人人尊崇制度、人人维护制度的良好制度文化，进而通过文化引领把制度执行转化为自觉行动。

四、锤炼过硬干部队伍

坚持党的全面领导，党员干部是主体，领导干部是关键。对于广大党员干部来说，坚持党的全面领导，就是要坚持从政治上看问题，善于从政治意识上把握坚持党的全面领导的重大意义、从政治任务上看待坚持党的全面领导的重大要求、从政治责任上扛起落实坚持党的全面领导的使命担当，始终牢记党是什么、要干什么这个根本问题，全面增强执政本领，练好内功，既要政治过硬，也要本领高强。

为政之要，唯在得人。要按照坚持党的全面领导对广大党员干部能力素质的核心要求，加强广大党员干部的思想淬炼、政治历练、实践锻炼、专业训练。为此，要严把政治标准，以伯乐相马之慧眼选准干部；突出政治能力，以千锤百炼之韧劲育强干部；突出政治监督，以从严从实之体系管好干部；突出政治激励，以干事创业之导向用活干部。要推动党员干部以国家政治安全为大、以人民为重、以坚持和发展中国特色社会主义为本，增强科学把握形势变化、精准识别现象本质、清醒明辨行为是非、有效抵御风险挑战的能力；扛起政治责任，对党中央精神深入学习、融会贯通，坚持用党中央精神分析形势、推动工作，始终同党中央保持高度一致；经常同党中央精神对表对标，切实做到党中央提倡的坚决响应，党中央决定的坚决执行，党中央禁止的坚决不做；坚决维护党中央权威和集中统一领导，做到不掉队、不走偏，不折不扣抓好党中央精神贯彻落实。显然，随着广大党员干部政治判断力、政治领悟力、政治执行力的不断增强，坚持党的全面领导就有了更加坚实的干部队伍基础。

五、 深入推进党的建设新的伟大工程

打铁必须自身硬。坚持党的全面领导，必须深入推进党的建设新的伟大工程。习近平总书记指出："新的征程上，我们要牢记打铁必须自身硬的道理，增强全面从严治党永远在路上的政治自觉，以党的政治建设为统领，继续推进新时代党的建设新的伟大工程，不断严密党的组织体系，着力建设德才兼备的高素质干部队伍，坚定不移推进

党风廉政建设和反腐败斗争，坚决清除一切损害党的先进性和纯洁性的因素，清除一切侵蚀党的健康肌体的病毒，确保党不变质、不变色、不变味，确保党在新时代坚持和发展中国特色社会主义的历史进程中始终成为坚强领导核心！"① 新的赶考路上，要坚持以习近平新时代中国特色社会主义思想为指导，紧紧围绕坚持和发展中国特色社会主义事业、实现中华民族伟大复兴中国梦来谋划、部署、推进党的建设新的伟大工程，把党要管党、全面从严治党体现到党的建设各个层级、各个领域，使党不断焕发新的生机活力，始终走在时代前列。

从嘉兴南湖的一叶扁舟，到"中国号"巍巍巨轮，坚持党的全面领导，才是创造中国奇迹的核心密码。新征程上，我们必须更加自信、更加坚定地坚持党的全面领导，深刻领悟"两个确立"的决定性意义，增强"四个意识"、坚定"四个自信"、做到"两个维护"，牢记"国之大者"，充分发挥党总揽全局、协调各方的领导核心作用，就一定能继续谱写新时代中国特色社会主义的壮丽篇章，实现中华民族伟大复兴的中国梦！

---

① 习近平：《在庆祝中国共产党成立100周年大会上的讲话》，《人民日报》2021年7月2日。

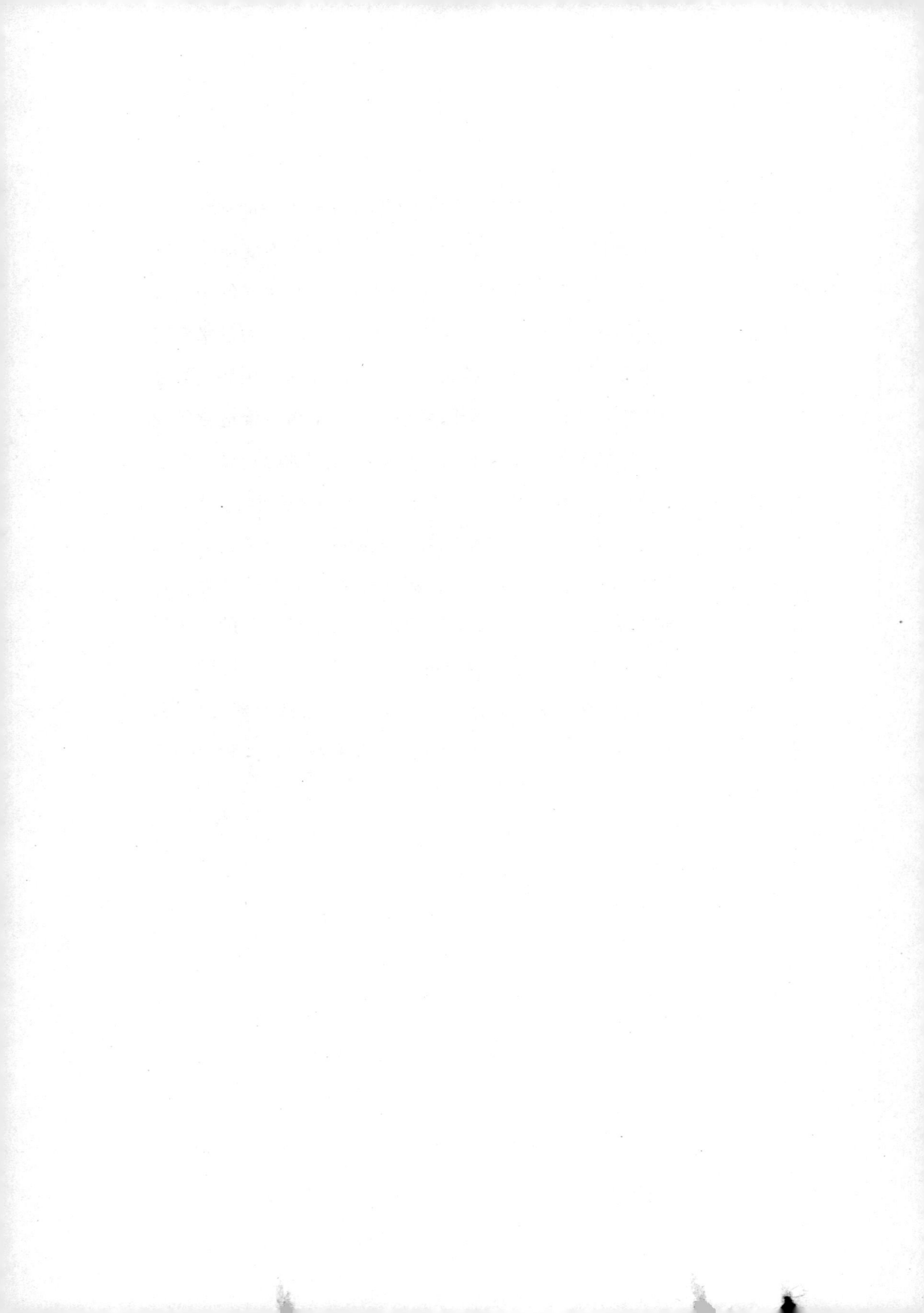